Gustav Radbruch

APHORISMEN ZUR RECHTSWEISHEIT

法律智慧警句集

[德] 古斯塔夫 · 拉德布鲁赫 / 著

舒国滢 / 译

中国法制出版社

CHINA LEGAL PUBLISHING HOUSE

著者简介

古斯塔夫·拉德布鲁赫，德国著名法学家。1878 年 11 月 21 日出生于吕贝克，1949 年 11 月 23 日卒于海德堡。师从刑法改革家弗朗茨·冯·李斯特，在柯尼斯堡、基尔、海德堡诸大学担任过刑法和法哲学教授，1921—1922 年和 1923 年任魏玛共和国司法部长和《德意志通用刑法典》（1922 年，草稿）的编纂者。1933 年由于政治原因被解除公职；1945 年被重新任命为海德堡教授，并担任法学院院长，参与大学重建。

其代表作（按发表的时间先后为序）有:《法学导论》（1910 年 1 版，1961 年 10 版）;《法哲学》（1914 年 1 版，1963 年 6 版）;《社会主义文化论》（1922 年 1 版，1949 年 3 版）;《德国通用刑法典草稿》（1922 年，1952 年首次发表）;《P.J. 安塞尔姆·费尔巴哈：一个法学家的生平》（1934 年 1 版，1956 年 2 版）;《论刑法的优雅》（1938 年 1 版，1950 年 2 版增订）;《人物与思想》（1945 年 1 版，1954 年 2 版）;《特奥多尔·冯塔纳，抑或怀疑与信仰》（1945 年 1 版，1954 年 3 版）;《英国法的精神》（1946 年 1 版，1958 年 4 版）;《法哲学入门》（1947 年 1 版，1959 年 2 版）;《犯罪史》（与 H.Gwinner 合著，1951 年版）;《心灵之路：我的生活片段》（1951 年 1 版，

1961 年 2 版);《法律警句集要》(1954 年 1 版，1955 年 2 版);《法律上的人》(1957 年 1 版,1961 年 2 版);《古斯塔夫·拉德布鲁赫全集》(20 卷，1987 年至今)。

古斯塔夫·拉德布鲁赫法哲学思想述评（代译序）*

舒国滢

一、拉德布鲁赫生平与著作

古斯塔夫·拉德布鲁赫（Gustav Radbruch）1878年11月21日生于德国北部城市吕贝克（Lübeck）的一个商人家庭。他于1884年进入布塞纽斯博士文科中学（das Progymnasium von Dr. Bussenius）预科班上学。1892—1898年从预科班四年级转入“卡塔琳娜”文科中学(Gymnasium Katherineum)高年级班（五年级）学习。1898年春季，以“甲等全优”(primus omnium)的成绩获得文科中学毕业证。同年夏季，作为法科学生进入慕尼黑大学学习。1898—1900年在莱比锡大学学习3个学期。1900—1901年在

* 本文写作的主要资料来源于阿图尔·考夫曼著《古斯塔夫·拉德布鲁赫传——法律思想家、哲学家和社会民主主义者》（慕尼黑 R. Piper GmbH & Co. KG 出版公司 1987年版）以及相关的德语论文。此外，文章的完成还得益于阿图尔·考夫曼教授生前的鼓励和日本札幌学院大学法学部的铃木敬夫教授（Prof. Dr. Keifu Suzuki）在资料上的帮助和学业上的指导。谨此向两位先生表示由衷的谢意。原文载《清华法学》（第三辑），清华大学出版社 2003年版。

柏林大学学习2个学期。5月20日，在柏林高等（上诉）法院以“良好”成绩通过第一次法学国家考试，获法院候补司法官资格。1901—1902年在吕贝克任候补司法官。其间，利用休假到柏林参加了由弗朗茨·冯·李斯特主持的刑法研讨班，准备博士论文。1902年5月13日，以优秀(magna cum laude)成绩通过博士口试，获博士学位。1903年12月16日，经卡尔·冯·利林塔尔（Karl von Lilienthal）的推荐和招聘在海德堡获教授资格。1905年10月1日起，他开始负责管理海德堡法律系图书馆。1906年夏季学期，在曼海姆商事高等学院（Handelshochschule Mannheim）受聘授课。1907年9月28日，与琳娜·格茨（Lina Götz）结婚（1908年离婚）。同年当选海德堡市行政委员会（Heidelberge Stadtverorneten-Versammlung）的民主委员。1910年2月，由巴登邦弗里德里希大公二世委任为编制外副教授。1910—1914年担任海德堡市行政委员会委员长及孤儿事务委员会成员。1913年8月，在苏黎世参加奥古斯特·倍倍尔（August Bebel，1840—1913）的葬礼和纪念会。1914年3月，应聘担任柯尼斯堡大学（Universität Königsberg）编制内的副教授。1915年应征担任红十字会志愿兵。同年11月9日，拉德布鲁赫与柳迪娅·申克（Lydia Schenk）结婚。1915—1918年服兵役。先在海德堡接受军事训练，然后出兵上阿尔萨斯（Ober-Elsass），此后出兵瓦伏尔平原（Woevre-Ebene）。在里堡（Libau，勒特兰 Lettland）接受军官培训。1918年7月，担任少尉（Leutnant）。1919年加入德国社会民主党（SPD）。同年10月1日起任基尔大学（Kiel）正教授。1920年当选为德国议会民主党议员党团（die Fraktion der Mehrheitssozialisten des Deutschen Reichstags）成员。在海德堡参与修订新社会民主党党纲（1925 年发表）。同年 3 月 13—19 日，于卡普政变（Kapp–Putsches）期间在基尔遭拘禁[1]。后担任德国国民议会宪法制定委员会委员（Mitglied der Verfassunggebenden）。1921 年 10 月 26 日，任命为维尔特内阁（Kabinett Wirth）司法部长。1922 年负责起草《保卫共和国法》《关于陪审员和陪审法官补偿法》《关于妇女任司法官与职业法官特准法》。10 月，负责起草《德意志通用刑法典草案》。11 月 23 日，在维尔特内阁倒台后，返回基尔大学担任教职。1923 年 8 月 13 日，再次接手斯特来斯曼（Stresemann）第一届和第二届内阁司法部。在 11 月退出斯特来斯曼内阁后，再次回基尔大学任教授。1926 年 8 月 11 日，在议会发表纪念宪法日演讲（《共和国的义务论》）。秋天，受海德堡大学招聘。11 月 13 日，在海德堡发表就职演讲《法律上的人》。1928 年回绝汉堡大学的聘请。1929 年 1 月 23 日起，担任布鲁赫扎尔男性监狱顾问（Beirat der Bruchsaler Strafanstalten）。1931 年回绝柏林大学的聘请。1933 年 5 月 9 日，被巴登邦（纳粹）当局解除公职。1934 年被迫回绝国外的聘任和邀请［考纳斯大学（Kaunas）、纽约大学、苏黎世大学、里昂大学］。1935—1936 年作为牛津大学大学院客座研究员，在牛津大学访学一年。1938 年 11 月 21 日，东京商科大学（一桥大学）出版其 60 周岁祝寿论文集。1939 年 3 月 22 日，其女儿蕾娜特 · 拉德布鲁赫（Renate Radbruch）在巴伐利亚阿尔卑斯山雪

1 卡普政变（Kapp-Putsch）是德国右派政治家卡普（Wolfgang Kapp，1858—1922 年）于 1920 年 3 月 13 日发动的旨在反对当时的革命政权，恢复君主政体的政变。由于政变不久，德国社会主义各党发动了总罢工，卡普的叛乱失败。1922 年，他在等待审判时死去。

崩事故中遇难。1942年12月6日，儿子安塞尔姆·拉德布鲁赫（Anselm Radbruch）担任少尉在东部前线受伤严重后死亡。1945年9月7日，拉德布鲁赫恢复教职并担任海德堡大学法学院院长。1948年7月13日，告别（教坛）演讲。7月14日，重新加入德国社会民主党。11月21日，举行70寿辰纪念，同时被授予海德堡大学和哥廷根大学名誉博士学位。出版祝寿论文集《文化哲学与法哲学论稿》。入选海德堡科学院。1949年11月21日，拉德布鲁赫突发心肌梗死，11月23日在海德堡逝世。

拉德布鲁赫一生著述甚丰。主要作品有：《论堕胎》（与格罗特雅恩合写，1921年版）；《法律智慧警句集》（阿图尔·考夫曼编，1963年版）；《论启蒙时代的崇高精神：人道主义和共济会主义之思想史论稿》（拉德布鲁赫编，1948年版）；《法学导论》（1910年）；《论刑法的优雅：刑法史研究十四题》（1938年）；《作为难题的新教团契》（1927年）；《德意志通用刑法典草案》（1922年，1952年版）；《保罗·约翰·安塞尔姆·冯·费尔巴哈：一个法学家的生平》，（1934年版）；《费尔巴哈纪念演说以及3篇学术遗稿》（1952年版）；《特奥多尔·冯塔纳，抑或怀疑与信仰》（1945年）；《法西斯主义刑法》（1933年）；《助产与刑法》（1907年版）；《英国法的精神》（1946年）；《法律的不法与超法律的法》（1946年）；《作为国际法主体的天主教会》（1950年）；《人物与思想》（1944年）；《犯罪史》（与亨·格文纳合著，1951年版）；《法哲学纲要》（1914年版）；《行为概念：其对刑法体系的意义——兼谈法学体系论》（1904年版）；《心灵之路：我的生活片段》（1951年）；《你们诸位年轻的法律学生！》（1919年版）；《司法漫画》（1947年）；《法律警句集要：致安塞尔姆的格言集》（1954年）；《社会主义文化论》

（1922年）；《法律思维中的分类概念和秩序概念》（1938年）；《超越马克思主义？》（1926年）；《法律上的人》（1927年版）；《法律上的人：有关法的基本问题的报告和文章选集》（弗里茨·冯·希佩尔负责整理，1957年版）；《作为法律思维形式的事物的本性》（1948年版）；《刑法改革和民族社会主义》（1933年）；《法理念的难题》（1924年）；《1932年版卡尔五世刑事法院规则》（拉德布鲁赫注释，1939—1940年）；《论这场战争的哲学》（1917年）；《监禁心理学》（1911年）；《论法的宗教哲学》（1919年）；《共和国的义务论》（1926年）；《法理念与法的质料》，（1923–1924年）；《共和国司法部的荣誉和终结》（1948年）；《罗马法与革命》（1919年版）；《司法：格尔利茨纲领释义》（1922年）；《法哲学》（1932年版）；《法哲学补遗》（1973年8版）；《法哲学和法律实务》（1932年）；《社会民族国家中的法》（1919年）；《作为法律创造的法学：议法律方法之争论》（1905年）；《社会主义与文化》（1919年）；《作为学科的公民教育》（1948年）；《19世纪的三本刑法学教科书》（1949年）；《公民课程的任务》（1924年）；《论犯罪学体系》（1930年）；《信仰犯》（1924年）；《1928年8月11日共和国政府庆典上的宪法演讲》（1928年）；《法哲学入门》（1947年版）；《拉德布鲁赫全集》（阿图尔·考夫曼编，20卷本，1987年以后）。

二、拉德布鲁赫相对主义法哲学概要

拉德布鲁赫的法哲学是一个论题广泛的开放体系。这一点可以通过其著名的《法哲学》（1932年3版，1983年9版，1999年由Ralf Dreier

和 Stanley L.Paulson 编学生版）所讨论的内容予以证明。在这本被誉为“最后的古典法哲学”[1]的著作中，拉德布鲁赫不仅研究了现实与价值、法的概念、法与道德、法与习俗、法的目的、法的效力等传统法哲学课题，而且还讨论了法的历史哲学、法的宗教哲学、法律人（Rechtsmenschen）的心理学、法美学、法学逻辑以及公法与私法、人格、所有权、契约、婚姻、继承权、刑法、死刑、赦免、诉讼、法治国、教会法、国际法、战争等问题[2]。当然，这个法哲学之精髓（至少在拉德布鲁赫的早期思想中）表现为一个三元体系（trialistisches System）的“价值相对主义”。

拉德布鲁赫认为，任何科学至少要能够做到三个方面的事情：首先，它能够根据体系的完整性展开可能的价值评价；其次，它能够阐明实现价值评价的手段及由此而确定的推导过程；最后，它能够揭示任何价值评价立场的世界观的前提条件[3]。依此标准，他从法概念的定义出发来建构自己的法哲学体系。

他在 1932 年版的《法哲学》中将“法概念”界定为“一个文化概念”，“也就是说，一个关涉价值的现实的概念，它具有为价值服务的意思。法就是具有为法价值、法理念服务这个意思的现实。因此，法概念是指向法理念的。”[4]在 1947 年的《法哲学入门》中，拉德布鲁赫更为简括地指出：

1 参见［德］阿图尔·考夫曼、温弗里德·哈斯默尔主编：《当代法哲学和法律理论导论》，郑永流译，法律出版社 2002 年版，第 13 页。

2 参见 Gustav Radbruch, *Rechtsphilosophie*, Leipzig 1932。

3 Gustav Radbruch, *Vorschule der Rechtsphilosophie*, Heidelberg 1947,S.27.

4 Radbruch, *Rechtsphilosophie*, S.29.

“法是具有把法理念转化为现实这个意思的东西。”[1]

拉德布鲁赫的法概念从一开始就显露出两个特性。首先，它不是实证主义的。实证主义法概念的意思是说：法是只要形式上正确发布，而不管其内容善恶都是法。与此相反，拉德布鲁赫强调：法律只有当其关涉正义时，只有当它以正义为取向时，才具有法质（Rechtsqualität）。其次，拉德布鲁赫的法概念也不是自然法意义上的，因为“正确法”（richtiges Recht）与绝对的法价值——正义还不可相提并论。法尽管必须以法理念为取向，但法与法理念之间并不完全协调一致时，它仍不失为法。按照拉德布鲁赫的看法，现实中所存在的只有“近似的”（annäherungsweise）正确法。

要把握这样一个法概念，我们必须了解拉德布鲁赫法律观的哲学背景。在第一次海德堡任教期间（1903—1914 年），拉德布鲁赫通过亨利希·利维（Heinrich Levy，1873—1942 年）和埃米尔·拉斯克[2]熟悉并接受了当时的德国哲学思想。利维使他信奉应然和实然、现实和价值之间的方法二元论，拉斯克使他认同西南德意志新康德主义价值论和“价值关涉”的思想。这个哲学所涉及的核心问题是：价值的东西通过什么样的方式在我们的现实世界中予以实现。有没有一种客观的、自在的价值（an-sich-seiende Werte）？换言之，是否只存在主观的价值评价？

1 Radbruch, *Vorschule der Rechtsphilosophie*, S.3.

2 埃米尔·拉斯克（Emil Lask，1875—1915 年），德国哲学家。著有《法哲学》（1905 年）等。

假如前两种情况都不存在，那么价值的东西是否（只）在价值性的事体（Sachverhalten，事象）上存在？

拉德布鲁赫的法概念是一种“折中的”观点。在他看来，法是一种“关涉价值的”现实。一旦现实和价值之间具有某种“关系”（Beziehung，Relation），那么它们两者就不能通过一条不可逾越的鸿沟相互隔开。然而，拉德布鲁赫本人毕竟还是把自己看作方法二元论的信奉者的。根据方法二元论，某个应然——因此，也包括法，可以追溯至一个更高的应然，最终追溯至最高的应然（拉德布鲁赫称之为“法理念”，汉斯·凯尔森[1]称为“基础规范”），确切地说：根据演绎法从应然可以推导出应然，但绝不可能根据归纳法从现存的东西、实际的东西和事实的东西得出应然的东西。自然和文化是俨然有别的。因此，文化现象只能根据它们固有的目的、而不是从（自然）原因出发来加以确定。正如科学规范、道德规范和艺术规范一样，法律规范也是文化法则（Kulturgesetze，文化规律），而不是自然法则（规律），前者包含应然，后者包含必然（Müssen）。这样的文化法则最终以绝对价值的实现为指向（所谓“价值关涉”），但它们并不等同于这些价值。同样，对拉德布鲁赫而言，法也不是纯粹的正义；在这个意义上，他从不是一位自然法学者。亚里士多德（Aristotles）早就意识到，没有任何法律规范在任何情况下都保证是绝对正义的。只

1 汉斯·凯尔森（Hans Kelsen，1881—1973 年），美籍奥地利法学家，纯粹法学的创始人。著有《国际法概论》（1928 年）、《纯粹法学》（1934 年）、《法与国家的一般理论》（1945 年）等。

要它基本上确定是为正义服务的，那它仍然还是法律规范[1]。

由此，拉德布鲁赫得出结论：法只有当其“关涉”法理念而确定为这种理念服务时，才实际上是法。在拉德布鲁赫看来，法理念作为法之成为法所必须定向的目的，包含三个方面或者按照三个方向展开：第一个方面是作为平等原则的正义，其含义是指：要平等地对待平等的事情，不平等地对待不平等的事情。拉德布鲁赫认为，这项原则本身是绝对有效的，但也只是形式上的。因此，它需要第二个方面，即合目的性[2]（其另一用法，也称公共福祉之正义，Gemeinwohlgerechtigkeit）；它是属于内容上的，但又只是相对的，因为个人主义、超个人主义和超人格法律价值之间还不能被科学地加以决定。这样，就需要第三个方面，即法的安定性，也就是说，一种力，它对法律的内容有着权威性的决定作用。

---

1 Radbruch, *Rechtsphilosophie*, S.1ff, 29ff.

2 Zweckmässigkeit 是拉德布鲁赫相对主义法哲学中的基本概念之一，目前尚无合适的中文译名。其基本含义有二：（1）合目的性、适当性、相宜性；（2）实用性。两位德裔的美国法学家在将该德文词译成英文时也不统一：沃尔夫冈 • 弗里德曼（Wolfgang Friedmann）使用“utility”（见 Wolfgang Friedmann, *Legal Theory*, 5th ed.[New York，1967] p. 193. ），意指“有用”“效用”“公益”；而埃德加 • 博登海默（Edgar Bodenheimer）则译作“expediency”（见 Edgar Bodenheimer, *Jurisprudence: The Philosophy and Method of the Law*, Revised Edition[Harvard University Press，1981]，p. 140. ），意指“权宜”“方便”“利害”。 拉德布鲁赫《法哲学》之英文版则把此德文词译为 purposiveness，接近原词含义（See Gustav Rabruch, Legal Philosophy, in *The Legal Philosophies of Lask, Radbruch, and Dabin* [Kurt Wilk transl., 1950], p.112.）。此处采用德文概念之平译，直译为“合目的性”，其中所含确切意义，尚可按照几位美国学者的译法参酌意会。另外，日本学者也采“合目的性”译名，其考虑大概相同（见铃木敬夫：《法哲学序说》，成文堂 1988 年版，第 175 页）。

在这个三元体中，法的安定性具有优位。按照拉德布鲁赫的看法，价值和法的内容不是知识（Erkenntnis），而只能是信仰（Bekenntnis）[1]。因为，没有任何人能够“断言，什么是公正的；那么，我们就必须确定，什么应当是正确的；这样，制定法应当满足该使命，通过权威的绝对命令来结束相互对立的法律观点之争论；同样，法的制定也必须具有某种意志，面对任何对抗的法律观点时能够得到执行。谁能够执行法律，那同时就证明：他被赋予了制定法律的权限”。[2]“法在其内容上无论会怎样不公正地形成，它都总是要通过其纯粹的定在来实现某种目的，即法的安定性的目的。”[3]

尽管如此，它还不是拉德布鲁赫法哲学的核心部分。其核心内容是目的理念（Zweckidee）。作为新康德主义价值哲学的信奉者，拉德布鲁赫摆在第一位要做的，就是重新进入实质的哲学（materiale Philosophie），他想要“克服施塔姆勒苍白的抽象和唯理智论的片面性，而确立一个在内容上加以满足的社会理想”（马克斯·恩斯特·迈耶尔语[4]）。不过，这里重要的是，我们不可能在科学上准确地认识到：哪一种目的、哪一种价值对法的形成是决定性的。另外，我们又不能把法理

1 Radbruch, *Rechtsphilosophie*, S.9.

2 Radbruch, *Rechtsphilosophie*, S.81.

3 Radbruch, *Grundzüge der Rechtsphilosophie*,Leipzig 1914, S.183.

4 Max-Ernst Mayer, *Rechtsphilosophie*, Berlin 1933,S.21. 马克斯·恩斯特·迈耶尔（Max Ernst Mayer, 1875—1923 年），德国刑法学家和法哲学家。著有《德意志刑法教科书》（1915 年）和《法哲学》（1922 年）等。

念这三个方面的相互关系看作固定不变的，而总是把它看作运动变化着的。也就是说，不同的时期，有不同的强调重点，它们彼此间处于何种位阶关系之中，则依法律所在的那个社会的基本观念（Grundanschaung）而定。拉德布鲁赫的弟子埃里克·沃尔夫（Erik Wolf）[1] 曾就此做过这样的解释："这个三元整体（trialektischen Ganzen）[2] 的某个部分获得在功能上的'优先'（prius），这种方式并没有扬弃三个组成部分在原则上的'等值性'，而只是强调，由于相对主义自身的'正义'容易遭受实际的历史'形势'排压的威胁，它总是要求比其他两个价值更应得到重视。所以，1914 年前后（当时处在官僚宪政体制统治的司法国家时期），要求均衡地分别强调所有三个矛盾的法律价值，因为它们适应'形势'的需要。1922 年前后（由于社会法治国的缘故），（社会）'形势'要求突出法律中的合目的性。1932 年，问题的关键首先是法的安定性，因为当时正遭受着福利国家全权主义化的威胁。但是，1933 年，因为当时形势的'合法律性'想要掩盖实质的不法，所以必须强调正义。最后，1945 年最要紧的，是预防将来无司法的强权国家的复辟。"[3]

人们把这种观点称为法哲学上的或价值论上的相对主义。然而，拉德

1 埃里克·沃尔夫（Erik Wolf，1902—1977 年），德国弗莱堡大学前刑法及法哲学教授。著有《德意志精神史上的伟大法律思想家》等著作。

2 日文中将 trialektischen Ganzen 译为"三极的整体"，见［德］古斯塔夫·拉德布鲁赫：《グスタフ・ラートズルフ》，中义胜、山中敬一译，成文堂 1992 年版，第 36 页。

3 Erik Wolf, *Grosse Rechtsdenker der deutschen Geistesgeschichte*, 4.Aufl. Tübingen 1963, S.754.

布鲁赫把价值相对主义理解为在西方文化整体内可以想到的法律理想之前提要件、论证过程和实践结果的理论。因此，他既与那种对社会秩序采取“价值盲目”（wertblinden）的观察方式保持距离，不管它是纯粹因果关系的考察，机械主义的考察，实用主义—历史主义的考察，还是自然主义—社会学的考察；同时又与那种“价值超越”（wertueberwindenden）的、对形而上学—宗教性的秩序理念加以考察的方式保持距离，而不管这种由公理性的信念知识所支持的秩序理念到底属于内心世界的一种，还是属于超验的一种。通过将法学看作一种“价值关涉”（wertbeziehende）的文化科学，他认为追问占主导地位的法的价值就成为问题的核心。

根据拉德布鲁赫的看法，法的最高目的或价值数目限定在三种：个人主义的价值、超个人主义的价值和超人格的价值——或者说：个人价值、集体价值和作品价值（Werkwert），还可以说：自由（Freiheit）、全体（Gesamtheit）和共同体（Gemeinschaft）。不过，作为法的可能目的，这三个价值之间是有冲突的。在个人主义观看来，作品价值和集体价值是为个人价值服务的。个人价值是无穷大的、不可再乘积的价值，它即使面对绝大多数人的利益也能够自我实现。个人主义观认为，文化只是人格养成的手段，国家与法也只是保障和促进个人发展的制度安排。超个人主义观则认为，重要的不是单独的个人，也不是绝大多数，而是全体之力（die Macht des Ganzen），是有机的国家人格体（Staatspersönlichkeit）。依照这一观点，个人价值应服务于集体价值，伦理和文化应服务于国家与法。所谓“你什么也不是，你的民族是一切”。而按照超人格观，最终起作用的是作品，它使个人和共同体得以诞生。

在超人格观看来，个人价值和集体价值服务于作品价值，伦理、法和国家服务于文化[1]。诚如上述，这三个法的最高价值之间不存在科学上可加以证成的位阶。故此，立法者（当然也包括政治家）必须在其中作出抉择。

它的法哲学是可能的、有意义的法哲学诸问题的澄清；它不提供廉价的或专断的解答，它想包容一切而不想舍弃什么。它想提醒人们在学术上不要轻易下结论，更不要片面地下结论，据此而有助于认识真理，训练学习并拥有宽容和自我节制的精神，既老练地从事学术论战，又老练地从事政治斗争，由此它为所有的“价值决定”提供了“价值的证立”（Wertbegründungen）基础。

拉德布鲁赫的相对主义法哲学在当时受到许多学者的指责。例如，卡尔·奥古斯特·埃姆格（Carl August Emge）[2] 认为：假如大家承认相对主义的结论，即善与恶仅仅是一定的社会学统一体所认为是的东西，“那么这不需要作进一步的批评。对搞哲学的人来说，相对主义得出的结论是荒谬的（ad absurdum）”[3]。威廉·绍尔（Wilhelm Sauer）[4] 谈到

1 Radbruch, *Rechtsphilosophie*, S.50ff.

2 卡尔·奥古斯特·埃姆格（Carl August Emge，1886—1970 年），德国法哲学家。著有《论相对主义法哲学的基本教义》（1916 年）、《法哲学入门》（1925 年）、《法哲学史》（1931 年）等。

3 Karl August, *über das Grunddogma des rechtsphilosophischen Relativismus*, Berlin/Leipzig 1916, S.64.

4 威廉·绍尔（Wilhelm Sauer，1879—1962 年），德国法哲学家。著有《未来哲学》（1923 年）等。

相对主义时说“把它作为非科学的东西简直都没有必要”[1]，他的口气很是满不在乎。马克斯·恩斯特·迈耶尔也作出这样的评判：“拉德布鲁赫的理论不过是怀疑的相对主义，因而是站不住脚的。”[2]卡尔·拉伦茨（Karl Larenz）[3]的评断是：“科学和生活、知识和信仰、思想和愿望的分离，似乎乍一看来也恰好合乎生活，合乎非理性的存在；但之所以如此，是因为它将两方面分离开来并相向对立起来；而仍处在分离状态、自己已感到疑问的唯理主义之产物本身，不可能再整体地思考矛盾的东西。”[4]莱奥纳德·内尔松（Leonard Nelson）[5]却更为极端，他说：拉德布鲁赫的相对主义“并没有（由于不可能断言其绝对真实）绝对听天由命地放弃价值判断，而是仍拥有相对的嘲讽和相对的狂妄，来确立这样的价值判断”[6]。

但也有一些学者为拉德布鲁赫的相对主义法哲学进行辩护或进行较为平和客观的说明。例如，拉德布鲁赫的关门弟子阿图尔·考夫曼

1 Wilhelm Sauer, *Philosophie der Zukunft*, Stuttgart 1923, S.68.

2 Max-Ernst Mayer, *Rechtsphilosophie*, S.76.

3 卡尔·拉伦茨（Karl Larenz，1903—1993年），德国法哲学家和民法学家。著有《当代法与国家哲学》（1935年2版）、《法学方法论》（1960年）、《正确法：法伦理学概论》（1979年）、《德国民法总论》（1989年7版）等。

4 Karl Larenz, *Rechts-und Staatsphilosophie der Gegenwart*, Berlin, 2.Aufl. 1935, S.76.

5 莱奥纳德·内尔松（Leonard Nelson，1882—1927年），德国哲学家。早年信奉康德主义。著有《没有法律的法学》（Die Rechtswissenschaft ohne Recht，1917年）等。

6 Leonard Nelson, *Die Rechtswissenschaft ohne Recht*, Göttingen/Hamburg, 2.Aufl. 1949, S.115.

（Arthur Kaufmann）[1] 指出：上述批评者“没有哪一个敢于说，相对主义价值论如何应当被克服，也就是说，可靠的价值评判如何能够被得到；他们中间甚至还没有谁能提出一个能够远远胜过拉德布鲁赫理论的法哲学纲领。更为重要的是，在这里，几无例外地存在着对拉德布鲁赫的误解，把他的相对主义、他的宽容思想同伦理的冷漠主义等量齐观……拉德布鲁赫的相对主义是斗争的相对主义，而非犹豫不决的相对主义”。[2] 同样，拉德布鲁赫的相对主义也根本不是“绝对的”相对主义。亚历山德罗·巴拉塔（Alessandro Baratta）很正当地把它称为与歌德理性的人文主义相近的“积极的相对主义”（positiver Relativismus）[3]。根据爱德华·斯普朗

1 阿图尔·考夫曼（Arthur Kaufmann，1923—2001 年），德国著名法哲学家和刑法学家。1945 年入海德堡大学法学院学习法律，师从古斯塔夫·拉德布鲁赫。1952—1957 年担任德国卡尔斯鲁厄州法院法官。1957 年重返海德堡，学习哲学并获得讲授刑法、刑事诉讼法和法哲学的资格。1960 年起任萨尔布吕肯大学正教授，1969 年起担任慕尼黑大学正教授，兼任法哲学与法律信息学研究所所长。曾荣获日本东京庆应大学（1970 年）和希腊雅典大学（1987 年）名誉博士。同时尚兼有德国巴伐利亚州科学院院士及国外一些科学院的院士。其一生著作颇丰，代表作品有：《自然法与历史性》（1957 年）；《法与伦理》（1964 年）；《归罪原则》（1976 年 2 版）；《罪责与刑罚》（1983 年 2 版）；《转型中的法哲学》（1984 年 2 版）；《正义论》（1984 年）；《当代法哲学和法的理论导论》（与 W.Hassemer 等合著，1985 年 4 版）；《正义——通向和平的遗忘之路》（1986 年）；《法哲学》（1997 年）。

2 Arthur Kaufmann, *Gustav Radbruch. Rechtsdenker, Philosoph, Sozialdemokrat*, München /Zürich 1987, S. 129f.

3 Alessandro Baratta, “Relativismus und Naturrecht im Denken Gustav Radbruch”. In: *Archiv für Rechts- und Sozialphilosophie* 45 (1959),S.510,519.

格（Eduard Spranger）[1] 的看法，拉德布鲁赫的相对主义只是一个假象的相对主义，事实上，它所涉及的是“三极的辩证法”（dreipolige Dialektik）问题[2]。沃尔夫冈·弗里德曼（Wolfgang Friedmann）[3] 认为：像马克斯·韦伯（Max Weber）和古斯塔夫·拉德布鲁赫这一类与实证主义者对立的相对主义者共同具有一种根本的属性：“他们不仅在法律的发展中，而且也在日常的法律应用中信奉伦理价值之炽热的和运动的意义。”[4] 弗里茨·冯·希佩尔（Fritz von Hippel, 1897—1991 年）则把拉德布鲁赫的相对主义看作“一个由于其谦逊的态度而使人产生迷惑的称谓”[5]。

三、关于拉德布鲁赫法哲学的转向

在法学界，大多数学者间流行着一种人云亦云的看法，即认为拉德布鲁赫早年和晚年的学术思想存在着某种“根本的变化”甚或“断裂”。

---

1 爱德华·斯普朗格（Eduard Spranger，1882—1963 年），德国哲学家和教育家，威廉·狄尔泰（Wilhelm Dilthey, 1833—1911 年）的学生。曾著有《生活的形式》（1914 年）、《青年心理》（1924 年）等。其教育理念，对 20 世纪 20 年代的德国颇有影响。

2 Eduard Spranger, “Zur Frage der Erneuerung des Naturrechts”. In: *Universitas* 3（1948）, S.410.

3 沃尔夫冈·弗里德曼（Wolfgang Friedmann，1907—1972 年），德裔美国法学家。著有《法的理论》（1967 年英文 5 版）等。

4 Wolfgang Friedmann, “übergesetzliche Rechtsgrundsaetze und die Lösung von Rechtsproblemen” . In: *Archiv für Rechts- und Sozialphilosophie* 41 (1954/1955),S.351.

5 Fritz von Hippel, *Gustav Radbruch als rechtsphilosophischer Denker*, Heidelberg/Tübingen 1951, S.18.

有人将这种“根本的变化”形象地称为拉德布鲁赫的“大马色（大马士革）体验”（Damaskuserlebnis，回心体验）[1]。也就是说，拉德布鲁赫在“二战”以前坚持价值相对主义（或实证主义）法哲学立场，战后则转向自然法学。

无疑，在经历了纳粹主义（民族社会主义）“第三帝国”的12年统治之后，面对当时的思想处境和一些棘手案件（如“告密者案件”、纳粹战犯的案件）的审判，拉德布鲁赫的思想是发生了一些变化的。这反映在他于战后所写的一系列文章之中。1945年以语录体写成的不到2000字的精粹短篇《五分钟法哲学》（Fünf Minuten Rechtsphilosophie，这篇文章当时曾在电台上播放过而影响广泛），比较集中概括地反映了他在这个时期的重新思考。这篇文章的思想可以简括为下列5点：

1. 实证主义由于坚持“命令就是命令”“法律就是法律”的口号，而使法律职业人连同整个民族均无自卫能力，来抵抗如此专横、如此残暴、如此罪恶的法律（按：此处指希特勒统治的“第三帝国”法律）。它最终把法与强权等同起来：哪里有强权，哪里就有法。

2. 纳粹政权发布的口令是：凡对人民有利的，就是法；在这一点上，也可以认为：凡对掌握国家权力者有利的，也都是法。但不是必须声称，所有对人民有利的，都是法；毋宁相反：仅仅是法的东西，才是对人民有

1 见《新约·使徒行传》第9章。圣经载：犹太教徒扫罗在前往大马色（今叙利亚首都大马士革）的途中突然被一束强光罩住，并受到（复活的）耶稣责备。此后他反省三天三夜，由此皈依耶稣并改名保罗。“回心体验”译名，见［德］古斯塔夫·拉德布鲁赫：《グスタフ・ラートズルフ》，中义胜、山中敬一译，成文堂1992年版，第31页。

利的。

3. 法意图趋向正义。正义不过是指：不管是谁，一视同仁。如果谋杀政治对手的行为被推崇，谋杀异类的行为被愿求，以相同的行为对待与自己志同道合之人，而处以最残忍、最羞辱的刑罚时，这既不是正义，也不是法。

4. 假如我们不会总能将公共利益、法的安定性、正义这三种法的价值和谐地统一起来，那么因此即使不完全的法也必须有效；然而，可能有些法律，其不公正性、公共危害性是如此之大，以至于它们的效力，它们的法的本性必须被否定。

5. 有一些法的基本原则，它们的效力比任何法律规则更强而有力，以至于一项法律，若与它们相矛盾，就变得无效。我们将这些基本原则称为自然法或理性法。[1]

1946 年，拉德布鲁赫在《南德意志法律家报》（Sueddeutsche Juristen–Zeitung）上发表《法律的不法与超法律的法》（Gesetzliches Unrecht und übergesetzliches Recht）一文[2]，当时也曾引起巨大的反响，这篇文章不仅非常清晰地确立了拉德布鲁赫新获取的立足点，而且更主要的是，该文为当时的司法审判提供了一个当下可实际操作的解决（众多疑难案件）办法。其内容大体可作如下概括：

---

1 Gustav Radbruch, "Fünf Minuten Rechtsphilosophie" . In:ders.,*Rechtsphilosophie*, 4.Aufl. Stuttgart 1963, S.335ff.

2 见［德］古斯塔夫·拉德布鲁赫：《法律智慧警句集》，舒国滢译，法制出版社 2001 年版，第 161—177 页。

第一，任何一种实在法，若不考虑其内容，自身均拥有一种价值：有法总是好于无法，因为它至少还产生了法的安定性。但法的安定性不是法必须实现的唯一价值，也不是决定性的价值。除了法的安定性之外，还涉及另外两项价值：合目的性与正义。在这一价值序列中，我们把为公共利益的法的合目的性放在最后的位置上。绝对不是所有“对人民有利的东西”都是法，而是说凡属法的东西，凡是产生法的安定性和追求正义的东西，最终都是对人民有利的。法的安定性，是任何实在法由于其实在性而拥有的特性，它在合目的性与正义之间占有颇受瞩目的居中地位：它一方面为公共利益所要求，另一方面也为正义所要求。或者说，法应是安定的，它不应此时此地这样，彼时彼地又那样被解释和应用，这同时也是一项正义的要求。

第二，在法的安定性与正义之间，在一个虽内容上尚可辩驳、但属实在的法律之间，在一个虽属公正、但尚未浇铸成法律形状的法之间，若还存有争议的话，那么事实上正义同它自身、表面的正义与实际的正义之间还存有冲突。但正义和法的安定性之间的冲突是可以得到解决的，只要实在的、通过命令和权力来保障的法也因此获得优先地位，即使其在内容上是不正义的、不合目的性的；除非实在法与正义之矛盾达到如此不能容忍的程度，以至于作为“非正确法”的法律必须向正义屈服。

第三，想要在法律的不法与虽内容不正当但仍属有效的法律这两种情况之间划出一条截然分明的界限，是不可能的，但最大限度明晰地作出另外一种划界还是有可能的：凡正义根本不被追求的地方，凡构成正义之核心的平等在实在法制定过程中有意地不被承认的地方，法律不仅仅是“非正确法”，它甚至根本上就缺乏法的性质（Rechtscharakter，法的资格）。因为我们只能把法，也包括实在法，定义为不过是这样一种制度和规定，即依其本义，它们注定是要为正义服务的。按照这个标准衡量，纳粹法的所有部分都从来没有达到过有效法的庄严地步。纳粹主义的“法”故意要取消同样的事情同样对待这一正义的本性规定的要求。所以，就此来说它根本就缺乏法的本性，它不仅压根儿也够不上是非正确法，而且根本就不是什么法。特别是那些条款规定，即纳粹党用来打压任何其他党派的部分特性而攫取国家全权（die Totalitaet）的规定，则更是如此。更进一步说，所有将人作为劣等人（Untermenschen）对待、否认人具有人权的法，都缺乏法的本性。而且，一切以刑罚相威胁、根本不考虑犯罪的不同严重程度而只图眼前威吓需要的法，一切对严重程度极不相同的犯罪采取同一种刑罚（通常采取死刑）的法，均不具有法的本性。[1]

这就是拉德布鲁赫为判断“法律的不法”所提出的著名公式，人们把它简称为“拉德布鲁赫公式”（Die Radbruchsche Formel）。后来，德国联邦宪法法院和联邦最高法院曾多次利用这一公式来处理涉及对“法律的不法”和“非法”（Nicht-Recht）进行判断的疑难案件。

正是基于拉德布鲁赫的上述观点，学者们相信在他的法哲学思想前

1 见［德］古斯塔夫·拉德布鲁赫：《法律智慧警句集》，舒国滢译，法制出版社2001年版，第169—172页。

后存在着根本的转向[1]。但也有部分学者（大多为拉德布鲁赫的弟子）用整体的和发展的眼光来研究拉德布鲁赫思想的变化，将拉德布鲁赫的法哲学思想看作一个开放的、发展中的体系，认为其学说前后并未出现根本的差异，而是首尾一致的。例如，《德意志思想史上的伟大法律思想家》一书的作者、著名刑法学家埃里克·沃尔夫（Erik Wolf，1902—1977年）指出：拉德布鲁赫在《法律的不法与超法律的法》中第一次明确提出形式的正义价值位阶高于形式的法的安定性的观点；在《法哲学入门》中，他甚至使用“自然法”一词作为引入这一新思想的“方向”。但他这里所指的不是传统自然法论中的社会模式，而只是在每一实证法自身中存在的一种正当化根据和规范标准的思想。他所分成的正义、安定性与合目的性这三个部分的最高法律价值只不过说明的是同一理念的三个

1　在德国持这种观点的学者，以弗莱堡的法哲学家弗里茨·冯·希佩尔（Fritz von Hippel）为代表。见 Fritz von Hippel, *Gustav Radbruch als rechtsphilosophischer Denker*, Heidelberg/Tübingen 1951,S.35ff. 美国法理学家博登海默（Edgar Bodenheimer）指出：通过上述公式，拉德布鲁赫在晚年就使自己转向“温和形式的自然法”（natural law in a moderate form）。见 Edgar Bodenheimer, Jurisprudence:The Philosophy and Method of the Law, Harvard 1981, p. 142. 中国的法理学家也大体坚持这种看法。例如，沈宗灵教授指出：“二战”后，拉德布鲁赫的法律思想发生了急剧变化，“他批判了相对主义和实证主义法学，迅速地转向自然法学”（见沈宗灵：《现代西方法理学》，北京大学出版社1992年版，第48页）。张文显教授认为：“拉德布鲁赫的上述言论标志着他转向了自然法，这一行动彻底瓦解了德国的新康德主义。”（张文显：《二十世纪西方法哲学思潮研究》，法律出版社1996年版，第53页）不过，拉德布鲁赫到底有没有批判自己的相对主义，是否彻底瓦解了新康德主义，这些问题对于正确评价拉德布鲁赫思想的发展有重大干系。故此沈宗灵和张文显两位教授的结论还有待斟酌。

不同作用方向而已。在拉德布鲁赫看来，正义与法的安定性、法的安定性与合目的性、合目的性与正义之间的冲突，只不过是正义与其本身的对话，只不过是所有法律不可消解的现实存在的紧张关系——人们也可以说，是所有法律的本质上的矛盾。即使在晚年，他仍然认为，上述二律背反现象既未在形式上得到消弭，也并未完全丧失其实质内容；拉德布鲁赫仍然固守这一看法，只是强调的重点稍有些不同。在这种情况下，拉德布鲁赫能够有充足的理由拒绝对其法哲学思想作根本的修改[1]。阿图尔·考夫曼认为，我们必须完整地理解拉德布鲁赫的作品和人格，否则就会错误地归结拉德布鲁赫思想的特征。“当人们把拉德布鲁赫打上新康德主义者、实证主义者、相对主义者、现代主义者、自然法学者或其他什么印鉴时，那么就绝不会获得完整的拉德布鲁赫形象。这样的框框不适合套在他的品格形象上。”[2] 考夫曼进一步指出，只有当掌握了拉德布鲁赫的二律背反的思维方式，掌握了“亦此亦彼”（Sowohl-als-Auch，“不仅－而且”）的思维方式时，我们才能正确地评价他。一旦有人把实证主义和自然法看作“非此即彼”（Entweder-Oder，“要么这……要么那”）的认识模式，一旦有人在“麻木不仁”（Indifferenz）的意义上来解释拉德布鲁赫的实证主义，那么当然他在拉德布鲁赫的思想中就会看到某种裂变，而所谓“初期的实证主义者”与“晚期的基督教自然法学者”确

1 埃里克·沃尔夫：《古斯塔夫·拉德布鲁赫的生平和著作》，载古斯塔夫·拉德布鲁赫：《法律智慧警句集》，舒国滢译，法制出版社 2001 年版，第 264—266 页。

2 见古斯塔夫·拉德布鲁赫：《法律智慧警句集》，德文版序，舒国滢译，法制出版社 2001 年版，第 5 页。

实“不再有太多的相互共通之处”。由此考夫曼得出结论:拉德布鲁赫思想绝没有根本的改变,而是有一个不断的发展,一个持续的新决断之必然(Neuentscheidenmüssen)。他的思想总是一个过程,而绝不是永恒的占有。“非此即彼”的人们,也是拉德布鲁赫经常严厉批评的一类人,当他们认为,一个人要么只能是彻底的实证主义者,要么只能是彻底的自然法学者,一切其他的选择则是在这两边游移的一个首尾不一的结果时,那么他们就考虑不到问题的点子上,而且至今也还考虑不到问题的点子上。因此,若问拉德布鲁赫有时是不是一个实证主义者,有时是不是一个自然法学者,这一提问立场本身就是错的。拉德布鲁赫总是同时属于二者,但随时又各有侧重,因而归根结底是超越于自然法和实证主义的。[1]

四、拉德布鲁赫法哲学思想的评价与影响

尽管对拉德布鲁赫法哲学的变化存在争论,但几乎所有的法学家均承认拉德布鲁赫的理论及其所提出的问题对战后德国的司法实践以及法哲学发展有重要的影响[2]。任何法学者在讨论战后“自然法复兴”问题时

1 Arthur Kaufmann, *Gustav Radbruch. Rechtsdenker, Philosoph, Sozialdemokrat*, S. 28ff.

2 英国著名法哲学家、新分析法学派的重要代表人物赫伯特·哈特(Herbert L. A. Hart,1907—1992年)认为,战后德国法院将拉德布鲁赫含有人道主义的重大原则的法律概念适用于像“告密者案件”等司法实践中,因而“复活了自然法的论据”(见沈宗灵:《现代西方法理学》,北京大学出版社1992年版,第49页)。1950年,K. 韦尔克(K. Wilk)将拉德布鲁赫、达班和拉斯克等人的法哲学翻译成英文出版,客观上对英语世界有关自然法学与实证主义法学的讨论起到了推动作用(见 *The Legal Philosophies of Lask, Radbruch, and Dabin*, transl. by K. Wilk, Cambridge, Mass., 1950)。

都无法略过拉德布鲁赫。

事实上，拉德布鲁赫生前与身后均获得了学界的广泛赞誉。譬如，1949年11月26日，卡尔·恩吉施（Karl Engisch）[1]在拉德布鲁赫葬礼演说中把他称为一颗“最亮的恒星”（Stern erster Größe）[2]。在此之前，格奥尔格·施塔德缪勒（Georg Stadtmüller, 1909—1985年）称赞他“大概是德国在世的法学家中最伟大的人物”[3]。埃里克·沃尔夫在古斯塔夫·拉德布鲁赫逝世差不多15年之后，通过把他编进《德意志思想史上的伟大法律思想家》这本书而为其树碑立传——与施瓦岑贝格、萨维尼、费尔巴哈、耶林等人相提并论[4]。阿图尔·考夫曼把拉德布鲁赫称为一个“正义之人”（Vir iustus），一个伟大的人物、人道主义者和像保罗·约翰内斯·安塞尔姆·冯·费尔巴哈（Paul Johannes Anselm von Feuerbach）[5]—

1 卡尔·恩吉施（Karl Engisch，1899—1990年），德国法学家。著有《法律适用的逻辑研究》（1960年2版）、《法律思维导论》（1971年5版）、《寻求正义之路：法哲学的主题》（1971年）等。

2 Karl Engisch, “Gustav Radbruch zum Gedaechtnis” . In: *Zeitschrift für die gesamte Strafrechtswissenschat* 63 (1950),S. 147.

3 Georg Stadtmüller, *Das Naturrecht im Lichte der geschichtlichen Erfahrung*, Recklinghausen 1948, S.31.

4 Erik Wolf, *Grosse Rechtsdenker der deutschen Geistesgeschichte*, 4.Aufl. Tübingen 1963, S.713.

5 保罗·约翰内斯·安塞尔姆·冯·费尔巴哈（Paul Johannes Anselm von Feuerbach，1775—1833年），德国刑法学家，著名哲学家路德维希·费尔巴哈（Ludwig Feuerbach, 1804—1872年）之父。著有《实在刑法基本原则和基本概念修订》（2卷本，1799—1800年）等。

样的天才立法家[1]。

拉德布鲁赫之为人与为学是完全统一的，他那优美的文风、空灵深邃的见识以及学问的广博性深得人们的赞赏。对此，考夫曼曾颇有体会，他在生命的最后阶段总结道："古斯塔夫·拉德布鲁赫是一位语言大师。他懂得在高度抽象和片面具体，也就是说在表达精确而内容贫乏与内容富有弹性而表达不甚精确这两者之间掌握适度的火候。我们也可以这样说：他的语言是思考的严谨与陈述的华丽的圆融。这是一种'亚里士多德式的中道'：既不过满，又不损欠……拉德布鲁赫绝不是那种文思枯涩的'掉书袋'的学究，这种人躲在理论的背后，对现实视而不见。拉德布鲁赫的思想总是关怀现存者，关怀生者，最终关怀人。在此方面，他也绝不是一个优柔寡断之人，而更像是一位说到做到、雷厉风行者。所以，在当时的德国，没有第二个法学家像拉德布鲁赫那样如此决断和勇敢地面对纳粹主义。"[2]日本法学家、前东京大学法理学教授尾高朝雄（1899—1956年）对拉德布鲁赫的法哲学及其语言特点也曾作过类似的评价："拉德布鲁赫的法哲学理论有非常丰富的内容。其理论不但具有多方面光彩，丰富的内容，并且还充满高度艺术的芳香。其思想系适用精密的哲学的方法，有条不紊地展开议论，从这一点看来，无论如何是属于德国式的。对于多方面精彩的题目，有时甚至渗入文学的表现，从这

1　Arthur Kaufmann, *Gustav Radbruch. Rechtsdenker, Philosoph, Sozialdemokrat*, S. 189ff.

2　见古斯塔夫·拉德布鲁赫：《法律智慧警句集》，中文版序，舒国滢译，法制出版社2001年版，第5页。

一点看来，当然是属于法国式的。以锐敏的现实感觉，来处理实证法现象间的各种问题，从这一点看来，可以说也是美国式的作风。综合上述各点来看，拉德布鲁赫的确是当代第一流的法哲学家。”[1]

拉德布鲁赫法哲学思想在东亚的传播所造成的影响是深远的。在日本，1919年前后就有学者将拉德布鲁赫的作品翻译成日文。后来东京大学还专门成立了“拉德布鲁赫研究会”。日本法学家田中耕太郎等人甚至在阿图尔·考夫曼之前，于1961—1967年编辑出版了11卷本的《拉德布鲁赫著作集》(直到1987年，考夫曼才编辑出版20卷本的德文版《拉德布鲁赫全集》)。葛生荣二郎教授于1983年开展的“给予现代日本法哲学特别影响的学者为谁”的调查中，拉德布鲁赫在战后日本法哲学教科书中出现的次数一直名列前茅[2]。在韩国，李恒宁教授于20世纪50年代就开始研究拉德布鲁赫的“价值相对主义”法学思想[3]。20世纪60年代，韩国学者权宁百、金智洙和郑钟勗相继赴德留学，三人均以拉德布鲁赫法哲学作为博士学位论文的选题(见权宁百:《古斯塔夫·拉德布鲁赫法哲学中“事物的本性”学说的发展和意义》，博士学位论文，萨尔布吕肯，1963年；金智洙:《古斯塔夫·拉德布鲁赫思想中的“方法三元论”和“事物的本性”》，博士学位论文，弗莱堡，1966年；郑钟勗:《古斯塔夫·拉

1 引自林文雄:《法实证主义》(增订三版)，我国台湾地区1982年版，第77页注释1。

2 参见陈根发:《论东亚的拉德布鲁赫法哲学思想研究》，载《云南大学学报法学版》2002年第15卷第4期。

3 参见陈根发:《论东亚的拉德布鲁赫法哲学思想研究》，载《云南大学学报法学版》2002年第15卷第4期，第5页。

德布鲁赫相对主义法哲学之路》，博士学位论文，波恩，1967年），受到西方法学界的注目[1]。20世纪70年代以后，中国台湾地区开始引介和研究拉德布鲁赫思想，20世纪90年代以后中国大陆学者陆续介绍拉氏的学说并翻译其代表作品[2]。

总之，拉德布鲁赫的法哲学思想像一束静开的芝兰，正缓缓地散发其幽幽的芬芳，给生活在当下繁忙的世界的人们带来一丝丝感觉的清新和心灵的荡涤。我们当以感谢的心情来迎接这思想的馈赠。

---

1 阿图尔·考夫曼在《古斯塔夫·拉德布鲁赫传——法律思想家、哲学家和社会民主主义者》中特别提及上述三位学者的博士学位论文（见 Arthur Kaufmann, *Gustav Radbruch. Rechtsdenker, Philosoph, Sozialdemokrat*, S.138-140,209.）。博登海默在评述拉德布鲁赫法哲学思想时，将郑钟曷教授的博士学位论文作为研究拉德布鲁赫的重要资料加以引证（见 Edgar Bodenheimer, *Jurisprudence: The Philosophy and Method of the Law*, Harvard 1981,p.142.）。

2 实际上，早在20世纪30年代中国大陆学者徐苏中就将拉德布鲁赫1914年版的《法哲学纲要》（Grundzüge der Rechtsphilosophie）翻译成中文，以《法律哲学概论》为名出版（华东政法大学的何勤华教授将其纳入《中国近代法学译丛》，由中国政法大学2007年再版），但这个译本在当时影响甚微（译本的具体情况尚待查实），后世基本无人知晓，故此拉德布鲁赫之学一直未能在中国大陆生根。20世纪90年代以后引介拉氏学说也是众多偶然因素合力所致，当然这不完全是受日本或韩国学者的影响，因为中国学者大体上都是在各自互不沟通的情况下不经意间“发现”了拉德布鲁赫的。有意思的是，东亚各国或地区对拉德布鲁赫的接引时间先后的差异，大致上也反映出20世纪以来东亚国家或地区对西学引进及研究程度和水平的差别，呈现出“时代落差”现象。

中译本序

阿图尔·考夫曼[1]

古斯塔夫·拉德布鲁赫是一位语言大师。他懂得在高度抽象和片面具体，也就是说在表达精确而内容贫乏与内容富有弹性而表达不甚精确这两者之间掌握适度的火候。我们也可以这样说：他的语言是思考的严谨与陈述的华丽的圆融。这是一种“亚里士多德式的中道”：既不过满，又不损欠。所以，在东亚，人们能够比大多数欧洲的学者更好地理解拉德布鲁赫，这并非偶然。拉德布鲁赫所理解的“事物的性质”，的确也完全类似于中国的“理”。

在这本小册子中汇集的警句，并不是拉德布鲁赫像现在这样写出来的，而是由我从他的全集中摘选出来的。所做的这些，对于这样一位思想铺陈高远宏阔、婉约细腻的作者而言，可能还是远远不够的。拉德布鲁赫的语言既绵密厚重又简明扼要，既直白清朗又纯真朴实。他能够采撷到物之精华，宛若把光线集聚为耀眼的亮点。他既是学问人，也是艺

1　考夫曼教授完成此篇中文版序后第10天（2001年4月11日）在慕尼黑的寓所逝世。——译者谨识

术家。当我们阅读或聆听这样的警句时，我们获得了生命的充实和心智的启迪，同时也由于这一表达方式之美而得到一种美的享受。

而且，在目前这本警句集里我们还可以读到更多的东西。拉德布鲁赫绝不是那种文思枯涩的“掉书袋”的学究，这种人躲在理论的背后，对现实视而不见。拉德布鲁赫的思想总是关怀现存者，关怀生者，最终关怀人。在此方面，他也绝不是一个优柔寡断之人，而更像是一位说到做到、雷厉风行的智者。所以，在当时的德国，没有第二个法学家像拉德布鲁赫那样如此决断和勇敢地面对纳粹主义。

我很高兴，舒国滢教授决定把拉德布鲁赫的警句集译成中文，我对其为此所付出的努力表示感谢。但愿这本小册子在“中土之国”会受到欢迎。

2001 年 4 月 1 日于慕尼黑

德文版序

阿图尔·考夫曼

出版这本小册子作为长期抱持的计划，终得落实。这本小书原名为《法律警句集要》，是有关法的根本问题的格言总汇，古斯塔夫·拉德布鲁赫把它作为《致安塞尔姆的格言集》(Spruchbuch fuer Anselm)，差人送往俄国战场给唯一的儿子（安塞尔姆·拉德布鲁赫，他在1942年12月5日在俄国阵亡）[1]，其中附有警句，用拉德布鲁赫自己的话说：这是他的全集中的一个节选本。而其全集中则呈现出的是一个完全取之不竭、用之不尽的宝藏，蕴含丰富的有关法的智慧格言和格言式智慧。本书有意识地依叔本华的著作《生活智慧警句集》(Aphorismen zur Lebensweisheit）为蓝本而选取书名——略作修改，仅是想表达出这样一层意思：它是一本反映一位法律思想家格言的书。当然我们本来也完全可以把叔本华的书名原封不动地拿过来，因为所谓拉德布鲁赫的法律智慧最终不过是生活智慧！尽管其认识属康德实然和应然的二元论，但

1　该书在拉德布鲁赫去世后由弗里茨·冯·希佩尔（Fritz v. Hippel）整理出版；《凡登和克袖珍丛书》第4集（Keine Vandenhoeck-Reihe Nr.4.）。

对他而言，法意味着有点无论如何是实存性的东西（Seinshaftes），有点现实性的东西，有点活生生的东西，被当作常常只与人类有着具体关涉的东西。其法哲学是必不可少的，同时也是一门人的哲学；关于他的刑法学，用歌德的一句话来表达很贴切："不管他应惩罚人，还是应关护人，他必定把人当人看待。"人性地看待人，人性地看待法，人性地对待法，这就是拉德布鲁赫式的精神。所以，当读者在这本《法律智慧警句集》中不仅能读到直接表达与法律有关的格言，而且能读到更广泛的题目时，诸如讨论上帝与人、生与死、政治与战争、共同体与民族、文化与宗教，他们本不会感到惊奇。因为这所有的问题本质上是相互归属的。凡不了解拉德布鲁赫人格形象的人，也不可能了解其法的形象（图像）。

在选择和编辑搜集资料的过程中，我们正好要完成两方面的工作。一方面我们需要找出这样的格言，它们富有表现力和警句的思想精练度（密度）。玛丽·冯·埃布纳－埃申巴赫[1]曾经说过，警句是"漫长的思想链条上的最后一环"。当生活的经验和智慧从丰沛的人格之深层升腾而出，就像一道光凝聚为一个亮点时，警句就形成了。拉德布鲁赫的著作提供了这样的精炼语句，在这些句子中，思想宛若令人惊喜的闪电照耀出极其强烈的光芒。对其语言的美感、表达方式的优雅和阐释说明的简洁，人们一再地赞不绝口。然而很少有人知道，在拉德布鲁赫那里，培

1　玛丽·冯·埃布纳－埃申巴赫（Marie Freifrau von Ebner-Eschenbach，1830—1916 年），奥地利女小说家。著有《教区的孩子》《罪不可赎》等书。——译者注

生这些思想的果实通常需要付出巨大的努力。拉德布鲁赫本性是非常复杂、线条变异的，而绝对不是简单普通的。他没有在任何一处显露，也根本就没有显露过“抖机灵”（Patentloesung），这种“抖机灵”就像它们对科学所起的作用那样，通常只想从单方面看待事物。拉德布鲁赫看到了（事物的）多重繁复的交织、难点、矛盾和不可解答的余数。他不像有人那样天真地相信：世界是由理性（无限）切分的，没有除不尽的余数。而诚如其自己所承认的，他的任务在于理性地揭示矛盾，而不是坠入非理性的迷乱。对他而言，思考和表达的清晰同时也是一种审美的要求，学者也总是一个艺术家。他绞尽脑汁思考事物，直到它们变得清晰明朗、一眼洞穿。职是之故，对这些警句，我们可以用尼采的话来很好地概括：“短句之言可能是众多长思之累果和收成。”

另一方面本书警句搜集要追求的目标在于：使拉德布鲁赫的品格完整地凸显出来。因此这本集子也将消除某些早年所陷入的误解，比如：拉德布鲁赫基于纳粹专制时期的印象和经验放弃以前的相对主义实证论转向自然法。当然，这样的一些论点可以轻易地通过相应的引证来搪塞过去。不过谁要是想指出说，拉德布鲁赫从前为了法的安定性的缘故而说过法官受任何法律、哪怕是不公正的法律的约束，以此作为毋庸置疑的必要性；那么他还必须补充一句说：同一个拉德布鲁赫同时还总是提请人们注意这样一种实证主义的糊涂（荒谬），要注意防范其危害性。早在1919年，大概不会太晚于这个时候，他就把法律实证主义称为：是一个“对权力的盲目崇拜”（本书第105段）；当时几乎还没有人能够看到这一点。拉德布鲁赫过去从没有，即使在其晚年也没有讲过绝对主义自然法学的话。同样，这需要考虑到许多其他问题。如果不强调相对主义中所具有决定的期待性的、同时也是（内心）斗争的因素，人们是没有资格谈论拉德布鲁赫的相对主义的；在他看来，“理解一切而什么也不作否定的相对主义”，其“危险姿态”是值得高度怀疑的（本书第97段）。相似的情况也表现在他在刑罚学说上的观点。的确，他是其师弗朗茨·冯·李斯特[1]理论的追随者，而且还很坚定地维护过矫正和再社会化思想，但他并不是站在杀人狂或某些“现代者”一边一起反对报应刑和赔偿刑。最后还想提及他的“事物的性质”的学说，人们可能在这里再次会说道：拉德布鲁赫据此已经放弃了以前具有代表性的二元主义方法；不过另一种解释也是正确的：“事物的性质”原理绝不是法律本体论体系的第一块基石。拉德布鲁赫在晚年比早年更多地投入“事物的性质”这一思维姿态。但这一思维姿态在他的学说一开始就是固有的，因为说到底他的法哲学总是法的存在（本体）论（只是人们不要把它仅仅理解为一门确定的学科），即有关法存在的学说——故此他一直所坚守的实然和应然的二元论绝对不存在矛盾，因为拉德布鲁赫在这一语境中所讨论的只是存在意义上的“是”，而绝不是存在论（本体论）意义上的“是”。当人们把拉德布鲁赫打上新康德主义者、实证主义者、相对主义者、现代主义者、自然法学者或其他什么印鉴时，那么就绝不会获

1 弗朗茨·冯·李斯特（Franz von Liszt，1851—1919年），德国著名刑法学家，刑事社会学派创始人。著有《德意志刑法教科书》（1881年）等。——译者注

得完整的拉德布鲁赫形象。这样的框框不适合套在他的品格形象上。

不过，这样来理解下面的说法，认为拉德布鲁赫的思想根本就没有发生过变化，也可能是完全错误的。手头上的这本集子只是想指明：在拉德布鲁赫那里，事情（事物）到底是如何在川流不息地进行着的。因为他知道：在我们这个世界上难以企及的东西绝不可能停留在一个地方；我们总是在尘世间的旅途上漫游。他时刻意识到：在人类社会，完美的、永恒不变的法是不存在的，因此我们必须使自己满足于这一点，即“任何时代都必须重新书写自己的法学”（本书第589段）。拉德布鲁赫把自己及自己的工作看作不过是：他处在路上。正是他以其明察秋毫的双眼一再地提醒警惕即将出现的“法的野蛮化复兴”[1]；是他在1933年作为第一个高校教师被解除公职；是他在不断发出警示、唤起人们的理智；是他从来没有说过或写过一些使其日后感到羞愧的东西。这样一个人完全摆脱了一切自负，他在1949年才有可能自我认识到：“难道还没有从我们身上，从我们经历的灾难，从可悲可叹的自傲、刚愎自用——自以为是，从世界史的巨大变迁中学会点什么吗！”[2]他从不“固执己见”，而总使自己只全身心地追寻法意。在他看来，一切都是为了法，为了真正的法，为了同一的真理（die veritas una），此时他的观点尽可能随真理知识的变化而变化，他甚至从“实证主义者”转向“自然法学者”。的确，他的学说不时地作些非常重大的修改。

1　特见1932年及1933年保留下来的讲义，题目关于“刑罚本质中的教化思想”和“极权的刑法抑或社会的刑法”；付印于《法律上的人》一书附录，载《凡登和克袖珍丛书》，第51—52集。

2　拉德布鲁赫：《社会主义文化论》（第3版跋），柏林，1949年版，第81页。

的确，人们可以读到这样的句子："既有基督教的自然法，也有基督教的社会主义。"（本书第125段），它第一次出现在《社会主义文化论》的后跋中，是拉德布鲁赫所表达的最后的意见。但我们有充分的理由在这里再补充一句："尽管我今天的思想和昨天的思想存在着紧张关系（张力）"，也没有必要"改变以前思想的本体，而只是强调其他之点，使这些还处在隐暗之中的东西，缓缓进入完全的光照之下"。

故此，拉德布鲁赫学说上所存在的是一种持续不断的发展，而不是完全彻底的改变。因为人们所谈论的拉德布鲁赫自身的"紧张关系"，不仅仅存乎其前后的思想之间，而且它在根本上常常就是其思想的本质因素。他从来不是一个"抖机灵"的人。他一再地奉守矛盾性的、二律背反的、对立性（极性）的思维方式。在《法律智慧警句集》这本小书中所呈现的是一位感觉灵敏的八线谱作者（Achtzeiler），下面这首匿名的诗作事实上隐含有拉德布鲁赫的身影：

远古，让我们通过《诗篇》的作者[1]知悉，
正义与和平彼此相亲。
尘世间，有二物难以统一并行：
一个是善法，一个是可爱的和平。
绝没有中间之路，即使在这本书里——
一个真正、确然、冷峭的矛盾，

1 德文 Psalmist，是指《圣经·旧约》之"诗篇"的作者，尤指大卫王。——译者注

答案，托付给了果敢的心灵。

勇于决定——这就是人生。

其他再多的话也不会比这首小诗能够对拉德布鲁赫式的思考方式的精神表述得更好的了。故此，眼下这本集子从若干触及我们此在的警句开始，可能是符合道理的。

此外，每一个具体警句的次序事先并没有严格按照时间先后来编排，而有时是基于下面的考虑来确定的：真正的矛盾应该反映出来，一目了然、清晰可见；有时又基于另一种考量，让某种思想经历数年和数十年的持续过程清楚地显露出来。对此，偶尔有些完全有意的重复，也没有顾忌。当然，一般而言，相同或相似的警句通过在资料出处中相应的提示被凸显出来，引人注意，这种方式自然不可能做到十全十美。还应注意到：有时对某一句子必须在语法上作些调整或者作一点压缩；但不言而喻，在这一点上我们一直是严肃认真的，注意保持原文表达的意思不变。为了使图面清爽，这些调整和削减部分没有被特别明确地标示出来。

我把这本小册子衷心地奉献于柳迪娅·拉德布鲁赫[1]夫人之手。在长年忠诚的交往中，她一再地使我侍守在难以忘怀的先师的身旁。

1963 年 7 月

于萨尔布吕肯

1 柳迪娅·拉德布鲁赫（Lydia Schenk Radbruch，1888—1974 年），古斯塔夫·拉德布鲁赫的第二任妻子。——译者注

目 录

一、生存的悖论

您是否有过殚思竭虑，而不想陷入矛盾？

——亨利克·易卜生[1]

1　亨利克·易卜生（Henrik Ibsen，1828—1906 年），挪威戏剧家、诗人。著有《玩偶之家》（1879 年）、《群鬼》（1881 年）、《社会支柱》（1877 年）等。——译者注

1

倘若世界最终不是矛盾，生活最终不是抉择，那么一个人的此在（ein Dasein）将是多么的多余！（1924 年）

2

世界太丰富多彩，太活泼生动了，以至于使自己陷入唯一真理的牢笼之中。（1917 年）

3

要使从奥古斯丁到托尔斯泰拷问人们心灵深处的矛盾迅速地消融于平淡的和谐之中，似乎是遥远的事情。（1916 年）

4

只有误认为任何实践活动都是对极端对立事物进行平衡的教条主义者，才可能把两个矛盾的原则按照各自的立场来加以妥协。（1938 年）

5

矛盾只有得到友好而切实地解决，它的存在才是根本无害的。（1925 年）

6

生活只知道奔腾不息地流动，但概念却为这流动划出清晰的界限。生活只表明“或多或少”，而概念却要求做出决定：“要么这样，要么那

样”。（1938 年）

7

传统的概念化思维是一种“分离式思维”，它将生活的整体予以拆解并分成碎片。（1938 年）

8

一个国家处在隐隐约约的发展之时，必然会很不情愿将自己与呆板的自然法哲学纠缠在一起；其法哲学必然会正确对待矛盾的现实规定，正确对待生活的二律背反及其相对性。（1936 年）

9

哲学不应取代决定，而只应面对决定。哲学不应轻率地对待生活，而只应处理问题。一个哲学体系应等同于一个哥特式拱顶，由块块垒石相互支撑，又相互交错。不把世界视为理性的有目的创造，这样的哲学多么令人怀疑！而世界确实是无矛盾地被融入理性体系的！（1924 年）

10

正如在理论领域观点的多重性只是谬误的多重性，而真理只有一个；同样，在伦理领域，个性的多样性也只是其错误的多样性，而又注定要消融在完善的伦理之中。（1914 年）

11

每一个具体的人都生活在双重伦理秩序的统治之下，其一方面的概念序列可以称为：义务、和平、仁爱、谦恭；其另一方面的价值概念可以称为：权利、斗争、荣誉、自尊。第一类词语主要见诸我们的良心，第二类词语则主要见诸我们的正义观念之中。（1949 年）

西塞罗大理石头像

公元前 40 年—前 30 年，
佛罗伦萨，乌菲兹美术馆。

二、法、法观念、法律感

极端的正义，即极端的不正义。

——西塞罗

12

法在极端对立的紧张之间保持平衡，这种平衡是易变的，经常遭受威胁而又总是被重新创造。（1932年）

13

正确法的概念应是实证的，同样地，实证法的任务在内容上也应是正确的。（1914年）

14

法意图趋向正义。（1945年）

15

法，也包括实在法，只能定义为这样一种制度和规定，即依其本义，它们注定是要为正义服务的。（1946年）

16

只有正义（和非正义），只有正确法（和非正确法）才归于价值王国，但并不是诸如此类的法都可如此归结。（1914年）

17

凡是能够作为正义判断之对象的法，也能够作非正义判断之对象；法都应当是公正的法，不管其是否实际上是公正的法；法都要有正当目

的，但并不是要求必定达到这一目的；法要成为正确法，这种企图可能成功，也可能不成功。（1914年）

18

明显不正确的法从不考虑为自己的有效性进行证立。（1914年）

19

某项规则，尽管甚至连平等以平等对待、不平等以不平等对待都不情愿，但却可能是实际起作用的，可能是实用的，的确还可能是必要的，并且因此是绝对生效的。然而，我们应当否定该项规则具有法之名分，因为只有那些旨在最低限度地为正义服务的东西才是法。（1924年）

20

假如一项毫无疑问明显属不公正的实定法却保持自己的有效性，那么它没有证立的根据也就是可想而知的了。（1932年）

21

尽管法的内容可能主要通过国家目的性来确定，但正当（法）的形式却是存在于国家目的影响领域之外和之上的。（1932年）

22

一项法规，如果只想为公共利益服务，却拒绝为个人利益作任何

辩护，那它也就根本不可能要求获得法之名分。（1937年）

23

一旦法不过是元首的命令，那么元首的约束也径直通过法而存在，法治国和公法权利也就说不清楚了。而这些概念，本来形式上只有根据实证主义内容的法之安定性思想，实体上则只有根据个人主义内容的正义思想才能够被理解。更进一步讲，假如法只是对公共利益负责的元首之命令，假如它不是某种固有规律性的展开，而这个规律性不依附于赤裸裸的实用目的，不依附于唯命是从，那么法院的独立性就变得不可理喻。（1937年）

24

法是先于国家并超越于国家的，甚至国家法律只有在超法律的法中，而不是在国家与自己的法律的关联中找到其有效性的根据，因为这种关联只是法律有效性的一个非常薄弱的基础。（1945年）

25

不，不是必须声称，所有对人民有利的，都是法；毋宁相反：仅仅是法的东西，才是对人民有利的。（1945年）

26

政权不优先于法，但是取得胜利的政权却能创造一个新的法律状态。（1947年）

27

一个缺乏宗教之庄严性的法，是软弱无力的。（1947年）

28

法要从两个不同的立场来看：依每个世俗的观点看可能是颇有价值的，但依宗教的观点看却可能是毫无意义的。（1947年）

29

有一些法律上不可能之事，就像也有一些自然界不可能之事一样；有一些法律事件无法挽救，就像有一些疑难病不可救治一样。（1924年）

30

“法”不仅仅是一个范畴，一切法律上的考察由此出发并以此为基础的，也不仅仅是一个思考方式，舍此根本不能思考法律之事，而且它还是一种现实的文化形态，其使法律世界的一切事实得以形成和塑造。（1932年）

31

法不只是评价性的规范，它也将是有实效的力量。而从理念王国进入现实王国的门径，则是谙熟世俗生活关系的法官。正是在法官那里，法才道成肉身。（1929年）

32

一个超国家的法要想变得有实效，就不应高悬于我们之上的价值的天空，它必须获得尘世的、社会学的形态。法的这一形塑过程是在法官阶层身上完成的。（1945年）

33

这是一个古老的“世界史的狡黠”：想使世界史有效的法，其本身已经有效；想使世界史无效的法，其本身已经无效。（1929年）

34

法的社会发展，那留下巨大而深刻印记的，与其说是它表现为人类计划的实现，倒不如说是它显现为无意识的历史必然性的自我实现，这种必然性，其存在先于人们的认识，其力量强于人们的一切抗拒，其目的明确于个人的所有迷思。（1930年）

35

法已经逐步失去它的独立性和本身固有的规律性，它将善德纳入自身，使自己服务于社会福利、伦理和文化——它变成了社会法。（1919年）

36

法律制度所考虑的，不是要人们都像哨兵一样时时刻刻目不转睛，

而是要他们偶尔也能够无忧无虑地抬头观瞧灿烂的星光、盛开的花木和此在的必要性及美感。(1929年)

37

法律制度同时也是和平制度，所以，假如为了“可爱的和平”而放弃“良法”时，它最好使自己服务于一些不起眼的琐事。(1929年)

38

假如我们从命令的权力内容中分解出其学理内容，那么，任何命令的含义就是—— 一个规范。(1914年)

39

无论把法看成伦理规范还是看成实在命令，在逻辑上都将法预设为一把尺子——这把尺子，形式既是实在法也是正确法的原始形态。(1914年)

40

规范诉诸道德性，而命令则诉诸赤裸裸的合法律性。[1] (1914年)

41

如果有谁谈到权利时说权利只要求具有合法律性，那就等于在说，

1 德文 Legalitaet，根据语境，权且译作“合法律性”。——译者注

他否认有能力来证立义务。（1914 年）

42

在习俗中，所有的人命令每个个人，在法律中，统一的意志命令所有的人——在伦理中，每一个人自己命令自己。（1929 年）

43

我们的权利是以义务之可能履行为基础的权利，是要尽我们的义务之权利——因此，与此相反，义务就是要保证我们权利的实现。（1914 年）

44

法对道德的促进，不在于它所规定的法律义务，而在于它所保护的权利。法指向道德所依据的，不是它的义务方面，而是它的权利方面。法保护每个人的权利，以便使其能够更好地尽道德义务。（1932 年）

45

法律所禁止的东西之所以成为义务，是因为它在伦理领域被提升为道德义务。故此，法律义务是作为道德义务，而不是作为纯粹的法律义务来说明其存在理由的。（1932 年）

46

道德要求人们出于义务情感来对待自己的义务，而法也允许有其

他的心理动机。（1932年）

47

法只能从伦理的有效性推导出自己的有效性，法的规则之所以有效，是因为它们作为伦理规范而拥有道德之品格。（1914年）

48

道德一方面是法的目的，也正因为如此，另一方面它又是法的约束性效力的根据。（1932年）

49

法的有效性是建立在道德基础上的，因为法的目的是指向道德目标的。（1947年）

50

法有利于道德——它同时也有碍于道德。（1914年）

51

法只是可能的道德，而正因为如此它也是可能的不道德。法能够实行道德，而不是强迫实行道德，因为，就概念的必要性讲，道德的行为只能是一种自由的行为；由于法只是可能实行道德，它也绝对肯定会实行不道德。（1932年）

52

不法比法律要古老得多，就像侵犯比防卫要早得多；任何防卫均由侵犯而生，同样，法自己的行为方式注定要由不法来规定。（1916 年）

53

人不可避免地要与其交恶者共同相处；防卫要通过侵犯来规定自己的方式：同样，法的（行为）方式必定要通过不法来规定。法作为一种充其量相对的善，在共同所属的罪孽领域，与不法交织在一起，不可分开。（1932 年）

54

不信任是每个立法者的首要义务。法律自然不是用来反对善的，而是用来对付恶的；所以，某个法律对它的接受者预设的恶行内容越多，其本身反而显得越好。（1929 年）

55

法律的语言绝不可能等同于报纸的语言、书本的语言和交际的语言。它是一种简洁的语言，从不说过多的废话；它是一种刚硬的语言，只发命令而不作证立；它是一种冷静的语言，从不动用情绪。法的所有这些语言特点，就像其他任何风格形式一样有其存在的道理。（1922 年）

56

伟大的立法机关习惯于使法的发展有短暂的停顿。（1929年）

57

程序法为实体法服务，但它并不仅仅要求达到对实体法实际有用的程度，而且也必然要求有法的效力。（1914年）

58

对于一切法所存在的疑问，程序法特别有说服力地为我们说明了一个理由，即在法的各部门中，手段有一个倾向，使自己变成自我目的。（1932年）

59

只有法观念的唤醒和强化才能够使法律上的行为有一个可靠的保障。（1932年）

60

我们可以把法律感更确切地描述为共同体感和自由感的一个平衡关系。（1946年）

61

法律感事先预知法律应在事后为此给出理由和界限的那种结果。（1907年）

62

健全的法律感的独特性不仅仅由下面一点来说明，即这样的法律感除自身外还要求有一个同样健全的良心；进一步说还要加上一点，即法律感，假如完全有别于良心，应当以健全的理智作为前提。（1914年）

63

为权利而斗争的伟大战士，其冷静和热烈、理智和同情奇妙地结合在一起成为性格特征，理智能够在一般中提升个别并就此作出正义判断，而同情能够重新以个体生命的现实之火充实抽象的正义思想。（1914年）

64

法律感需要一种灵活的精神，它能够从特殊过渡到一般，再从一般回到特殊。（1932年）

65

法律感与良心处在心理冲突状态，良心形成约束，法律感激活私利。（1947年）

66

法律感在特定程度上陷入欺人或自欺的危险：自私、嫉妒、猜疑、斤斤计较、争强好斗、贪图权力、寻求报复、幸灾乐祸等往往穿着法

律感的外衣。(1947年)

67

理想的目标在于：使法律感和良心相互处于平衡状态，把道德义务的履行作为法的最高目的来对待，并且使法只作为法来履行其道德义务。(1949年)

68

写诗不会对法大唱赞歌——绝不会，因为很多诗人就是从法学院逃逸的学生。法属于最为僵化不变的文化构体，而艺术属于变动不居的时代精神的最为灵动的表现形式，两者处在自然的敌视状态之中。(1929年)

三、正义、合目的性、法的安定性

正义可以提升一个民族。

——《圣经》

69

法的理念绝不可能区别于正义。（1932年）

70

所有日常的政治斗争不过是有关正义的唯一而又没完没了的争论。（1924年）

71

正义与真、善、美一样是一个绝对的价值，它的根据存在于自身而不需要从更高的价值中推导出来。（1947年）

72

凡适用于真理的，也适用于正义：尽管合目的性（实用性）的东西不一定是真理的东西（像实用主义所认为的那样），但真理的东西一旦不考虑什么目的而能够自我发展的话，那它就绝对是合目的（实用[1]）的。（1932年）

73

正义绝不是由于它对公共利益的有用性才获取自我的本质，它即使只在其自在的规律性中也是对公共利益有用的——正如科学和艺术，

1 德语 zweckmäßig，既有“合目的”之意，也有“实用”之意。——译者注

只有它们不是每每兼顾公共利益而只服从真和美的自在规律，它们才是真正服务于公共利益的。（1937 年）

74

法必须根据正义的要求来提升自我的本质，而正义则需要法的原则（即法律面前一律平等）的普遍性。（1929 年）

75

平等不是预先规定的，只有各种物才“一模一样”不平等地被预先规定着。从一定角度看，平等总是预先规定着的不平等现象的抽象。（1924 年）

76

通过法律争论法的原则，通过有效的判决争论具体法律案件，为这样的争论确定一个目的，比为此争论确定一个正义的目的更为重要；法律制度的此在比它的正义更为重要。（1929 年）

77

正义是法的第二项重大的使命，不过其第一项使命则是法的安定性，即和平。（1929 年）

78

法的安定性的要求是：在任何一个法的争论中，总要有一个是最终

的结论，哪怕这一结论是不切实际的。（1947年）

79

法的安定性要求缘起于它的深层需求（如对自然法则之理念的需求）：这种需求渴望将现实既定的纷乱纳入秩序之中，渴望对纷乱有事先的防范，并使之在人的控制之内。（1946年）

80

界限越多，则难以定界的情况越多；难以定界的情况越多，则争论的问题越多；争论的问题越多，则法的不安定性越多。（1908年）

81

如果说正义理念赋予法具有作为通过普遍规范来解决冲突的本质，那么法的安定性则为法的概念附加了更为宽泛的实证性标志。（1937/1938年）

82

公共利益、正义和法的安定性共同宰制着法——这种共同宰制不是处在紧张消除的和谐状态，恰恰相反，它们处在生动的紧张关系之中。（1937年）

83

正义和合目的性，或者同样可以相提并论，正义和公共利益，绝不是处在完美的和睦状态，毋宁说是处在紧张关系之中，这种紧张关系只能通过妥协，通过相互的牺牲而能够间或地得到缓解。（1941 年）

84

我们必须追求正义，但同时也必须重视法的安定性，因为它本身就是正义的一部分，而要重建法治国，就必须尽可能考量这两种思想。（1946 年）

85

法的安定性不是法必须实现的唯一的价值，也不是决定性的价值。除了法的安定性之外，还涉及另外两项价值：合目的性与正义。在这一价值序列中，我们把为公共利益的法的合目的性放在最后的位置上。绝对不是所有“对人民有利的东西”都是法，而是说凡属法的东西，凡是产生法的安定性和追求正义的东西，最终都是对人民有利的。（1946 年）

86

正义优先于合目的性。而法的安定性也优先于合目的性。（1947 年）

87

在通常情况下，实在法的效力要通过法的安定性来证立；但在某些例外场合，由于存在着极端不公正的法律，也有可能由于这些法律的不公正而必须否定其效力。（1947 年）

88

不要指望任何人能够根据客观性和规律性这样的价值来回答法的终极问题和解决法的最为困难的问题。只要国家的领导阶层摆正手段，客观性和规律性是可以达到的。然而，用奥古斯丁的话说，一旦国家沦落为一个巨大的匪帮，那么只能靠信仰更高的价值来弥补，必须通过一切顾虑和恐惧来喷射正义的炽热的火焰。（1948 年）

奴隶拍卖

［法］让 - 莱昂 · 杰罗姆（1852—1929 年）

四、相对主义

当我认识了主耶稣的路，我真心诚意地向他奔去；

人们引领我进入真理之所，在上帝的身旁！

我再没有走出恩宠的荣光。

——歌德

89

因为不可能断定什么是公正的，所以我们必须判断什么应当是合法的。假如真理行为是不可能的，那么就有必要代之以权威的行为。相对主义属于实证主义。（1934 年）

90

相对主义不想把法哲学的任务限定在微薄可怜的方面，专注于自己的方法，毫无希望地尝试在啃光形式法的正确性这块骨头之后，还要剔净其肉末。（1914 年）

91

我们有权去爱去恨，但我们无权过分夸赞和苛责他人。对己要严，待人要宽，这是自由学说的结果。（1914 年）

92

相对主义既讲坚持己见，又讲公正对待异见。（1932 年）

93

相对主义，同时包含着唤起斗争和提醒尊重，在证实其对手所信奉的观点不可证明时就要对此进行斗争，在表明其对手所信奉的观点不可辩倒时就要对此予以尊重：一方面要做到果敢斗争，另一方面要做到判断宽容和公正——这就是相对主义的品德。（1934 年）

94

相对主义就是普遍的宽容——只是对不宽容者才不讲宽容。(1934年)

95

相对主义同时限定在两个方面，一是赋予国家以立法权力，二是为之施加义务，由此来尊重服从法律者的确定自由，其中包括：思想自由、科学自由、信仰自由、出版自由。相对主义归属于自由主义。(1934年)

96

怀疑，只是微笑着怀疑，只是一种疑问，这不是绝望，而是在清爽明朗里顺从天意。(1945年)

97

宽解一切而又什么都不作否定的相对主义，过去曾是一种基本的情绪，这种情绪强化了它的危险姿态，使自己不能作出决断，牺牲无限的可能性以求得决定的唯一性。(1945年)

98

在相对主义、中立性和宽容思想的背后存在着的，是自由的实证价值，是法治国的自由，是作为个性生长之地的自由，是作为文化创造之基础的自由。(1947年)

99

我们已经从相对主义自身推导出绝对的结论，即推导出自然法之历代流传的要求。但与传统的自然法方法论原则不同，我们所能做到的，是建立自然法之客观方面的要求：人权、法治国、分权、人民主权等。自由和平等是不可摧毁的基地，我们可能会远离这样一个基地，但我们必须总是要走回到这个基地。（1934 年）

[意大利] 拉斐尔（1483—1520 年）

柏拉图右手指天说："上天启示乃生命之源"；亚里士多德右手指着大地说："研究现实世界才是根本之根本。"这是古希腊唯物论与唯心论之争。

五、实证主义和自然法

权利，同我们一起诞生。

——歌德

100

人们可能会相信一种时时处处都完全一样的自然法主张，这种自然法主张不是可以经过援引不同时代和民族之色彩斑斓的法律世界观而予以纯粹经验地辩驳的。（1914年）

101

只有正确的、公正的法的范畴是普遍有效的，但它们的实际应用绝不能这样。（1914年）

102

正如法总是能够按照自己的内容不公正地塑造自己，法也总是会通过它的纯粹定在（即法的安定性）来实现某种目的。（1914年）

103

实在构成体的无限有效性，经验现实的完全绝对化，人工作品的纯净完美，这种认识似乎存在于所有的价值哲学之中，几无例外。（1914年）

104

实在法的绝对效力是实在法上的真——但它毕竟也只是实在法上的真，是实在法的真义，但还不是真理本身。（1914年）

105

法律实证主义，即对权力的盲目崇拜，意味着是现实政治时代、霸权国家时代在法律上的部分反映。（1919 年）

106

对实在法不仅根据其形式和内容而且根据其效力进行超实证的、或者说自然法的评价，这与法哲学的本质是紧密相连，不可分割的。（1924 年）

107

过去的实证主义时代只是极端片面地看待法的实在性和安定性，其造成的结果是：对实定法的合目的性和正义性作有计划的考察长期以来陷入停顿，法哲学和法政策学十几年来也一直保持沉默。（1924 年）

108

自然法思想曾经是一个谜思——但它是一个所能够想象到的最有益处的谜思。（1929 年）

109

今天人们普遍地承认，现实中只存在着“实定”的法、“实在”的法。（1929 年）

110

实证主义法哲学正好也需要为实在法的效力寻求一个超实在的、亦即自然法的支点，一个基本规范，它也应是对事实的权力作自然法上的认证，按照圣保罗的说法（《新约全书·罗马书》第13章，第1节）："在上有权柄的，人人当顺服他。"（1932年）

111

自然法有时用作实定法的深固堡垒，有时又反过来对抗实定法。（1932年）

112

个人良心大多被看作对实在法的抵触，这会比牺牲个人的法律信仰更令人忧虑不安，但也可能存在着一种"无耻的法律"，良心对此拒绝服从。（1932年）

113

只有法的安定性能够支撑非正确法的效力，但也可以想象另一些场合，在这里，法的内容之不正确性、其不公正性和不合目的性达到如此程度，以至于通过实定法的效力来保证的法的安定性价值不能起决定性作用。（1932年）

114

国家通过超实在的法，通过自然法，通过自然法的原则，而受自己的实在法的约束，在此基础上实在法本身的效力才能够得到确立。（1932年）

115

自然法只有在自然状态下才能够得以实现。与此相反，在多数文明国家中，社会秩序则依赖传统，与之不可分离。（1944年）

116

必须给整个民族和法学家的意识本身深深打上这样的烙印：可能有些法律，其不公正性、公共危害性是如此之大，以至于它们的效力，它们的法的本性必须被否定。（1945年）

117

一旦法律有意拒绝去趋向正义，譬如根据任性承认和否认人权，那么这样的法律就缺乏有效性，人民对此就不承担服从的义务，法律职业人也就必须鼓起勇气，否定这些法律具有法的本性。（1945年）

118

确实，自然法的基本原则在具体方面还包含若干疑点，但几个世纪的努力已经塑造出了这样一个稳固的实体，而且广泛协调地融于所

谓人权和公民权宣言之中。至于说它们的某些方面，也还只能由于有心里的疑问而保持怀疑。（1945 年）

119

我们必须重新感受人权，它超越于一切法律之上；我们必须重新感受自然法，它否认敌视正义的法律具有效力。（1946 年）

120

实证主义由于相信“法律就是法律”已使德国法律界毫无自卫能力，来抵抗具有专横的、犯罪内容的法律。在此方面，实证主义根本不可能依靠自己的力量来证立法律的效力了。（1946 年）

121

实在的、通过命令和权力来保障的法也因而获得优先地位，即使其在内容上是不正义的、不合目的性的；除非实在法与正义之矛盾达到如此不能容忍的程度，以至于作为“非正确法”的法律必须向正义让步。（1946 年）

122

凡正义根本不被追求的地方，凡构成正义之核心的平等在实在法制定过程中有意地不被承认的地方，法律不仅仅是“非正确法”，它甚至根本上就缺乏法的性质。（1946 年）

123

一旦实在法的非正义达到这样的程度，即通过实在法保障的、而与非正义相对的法的安定性根本不再起决定作用，在这种情况下不公正的实在法就必须服从正义。（1947 年）

124

法律实证主义，过去或多或少在所有的大学讲台被讲授，它使法律职业人已经习惯于把体现在法律形式中的任何国家意志都看作法。（1948 年）

125

既有基督教的自然法，也有基督教的社会主义。（1949 年）

六、事物的性质

一切在事物中运动，而又都注定要消亡。

——贺拉斯[1]

1　贺拉斯（Horaz，公元前65年—前8年），古罗马诗人，著有《诗艺》《歌集》等。——译者注

126

我过去还不够特别成熟去研究事物的理性，把理念理解为现实的意义与灵魂，去寻找寓于生活关系中的秩序。大家把这种秩序称为事物的性质。（1945 年）

127

应然的存在（Sein-Sollende）永远不会从实然的存在（Seiend）中推导出来，对如此之多的生效法所作的观察，不可能会启发我们对正确法的认识。正确法不是经验的，而是先验的，它是在科学上无法讨论的个人信念问题。（1905 年）

128

质料到处都反作用于形式，形式总是一定质料的形式。正如相同的艺术理念会制造出各式各样的雕塑（这取决于艺术理念“合乎质料地”表现在大理石上，还是表现在铜体上），相同的法的理念在不同的经济结构中的应用也会产生完全不同的法律制度。（1914 年）

129

当某个事件“与价值相关”时，我们就给事件赋予“含义”，当价值由“意义”而产生时，我们就给价值赋予“意义”。（1917 年）

130

正如艺术理念要适应质料（例如，有的理念适宜表现在铜体上，另一些则适宜表现在大理石上），任何其他的理念都应天然地合乎质料。我们把这一关系称为理念的质料规定性。（1924 年）

131

根据事物的性质作出决定是指：要使社会生活事实拥有意义内容，要（在现象学上）进行最终考量。（1924 年）

132

正如愿望总是思想之父，兴趣也总是理念之母：像其他母亲一样，兴趣也不能够妨碍自己的女儿，而是让她自然成长、逐渐成熟并主宰她自己的生活。（1927 年）

133

罪责的各种形式，事实上是从事物的性质根据强制的必要性而引申出来的思想。我们可以随意来想象自然法：在面临的问题中表现出某种一致性，表现出超实在的法律规则的客观确定性，而这种一致性是不通过实在的制度产生于科学之中的。问题在于，在这种情况下，立法是否还有权力为具有约束力的实在法设定一个客观确定的超实在的法，是否有资格对生效的法作出断定：按照正确才有约束力的原则，只要生效的法是不正确的，它们就是“无约束力的法律内容”。（1929 年）

134

从质料洞观理念，只是直觉的顿悟，而不是认识的方法，尽管理念注定要形成质料。方法上的认识所存在的问题在于：应然命题只能从另一个应然命题中推导出来，而不能够在实然的事实基础上通过归纳方式加以证立。（1932 年）

135

“事实的规范性”这个提法本身是一个悖论，因为单独从一个实然中绝不可能产生出一个应然，而像特定时期的世界观这样的一个事实，假如某个规范已经赋予其规范性，那么它就只能是规范性的。（1932 年）

136

由于兴趣是以理念为基础的，它自身也就听由这一理念之逻辑的摆布，而理念之逻辑却是按照自己的规律来展开的，甚至还可能与兴趣相对立，即便这种兴趣已经听由理念之逻辑的摆布了。（1932 年）

137

毋庸置疑的是，有一些法律原则，尽管不是从实在法律中推导而来的，但确实具有绝对客观必要的说服力。（1932 年）

138

每一种法律思想都不可避免地带有它得以型塑的“历史气候”的

标记，大多从一开始就被不知不觉地限定在历史可能性的界限之内，正是在此意义上它们与事物的性质相关联。（1947 年）

139

事物的性质，是这样一些人的口号，他们试图融合实然与应然、现实与价值之截然对立的二元论，试图寻求事物之理性。（1948 年）

140

在实然中实现应然，在现实中体现价值，这就是意义。（1948 年）

七、仁慈与法

仁慈，归根结底，难道不正是一切正义和法吗？

——维尔纳·贝根格律恩[1]

1　维尔纳·贝根格律恩（Werner Bergengruen，1892—1964 年），德国作家。著有诗作《耶莉栝的玫瑰》《在大地的天际》等。——译者注

141

正义与仁慈——这是法律职业的根本问题。（1944 年）

142

与根据平均计算的法律不同，个案的正义之具有效力，是由仁慈所决定的。（1929 年）

143

仁慈虽然具有实现普遍有效性的意图，但它只应使个案的法（正义），而不是那些新法律规范有效。（1932 年）

144

就概念之必要性而言，爱和仁慈明摆着需要正义。但它们的确也承认其他一些人性方面，而不计其价值、不计功用和绩效——不计正义。（1916 年）

145

就像从前的捐济如河水流淌般自由充溢，而不是如开挖沟渠般有意施舍，仁慈也不懂得什么是强制——从来也不懂得什么正义的强制。（1932 年）

146

仁慈不纯粹是法的宽和形式，亦是熠熠闪烁的光辉，从法的完全

相异的世界突然射入法的世界，使人能够看清法的世界的冷凉晦暗。（1944年）

147

正义意味着根据功用和绩效对人进行评价，而爱和仁慈则意味着肯定人，但不考量其有价值，还是无价值。（1949年）

148

仁慈，善之姊妹，令人惊奇。（1944年）

149

诚如奇迹打破了物理世界的规律，仁慈则是在法律规则世界之内打破规律的奇迹。在仁慈那里，异法的价值领域——宗教仁善价值和道德宽容价值突入法律世界的内部。在仁慈那里，面对法的全面的理性化要求，和亲可爱的偶然性必定提出自己的要求。如尼采所言，那个“偶然”，它必定是世界的最古老的贵族！（1932年）

150

仁慈不懂得什么是强制，也不懂得什么是正义的强制。它不等于如开挖沟渠般的有意施舍，而是明显非理性的捐济。凡在自然世界属于奇迹的，在法律世界就是仁慈。仁慈的意义在于指出法与正义的界限和规定性。（1947年）

151

仁慈最接近于奇迹：正如这种奇迹打破自然常规，仁慈则打破法的常规，两者都有相同的效应，即任何人能够有如此的心领神会，都会感受到巨大而意外的幸运。（1949 年）

152

仁慈的法律制度，意味着直言不讳地承认所有的法的疑问性，承认法的理念中的紧张关系以及法的理念与其他理念（如道德理念和宗教理念）之间的可能冲突。（1932 年）

153

仁慈不是把自身局限于在法律之内平衡各种紧张关系，相反它意味着承认下面的事实：这个世界不是像谚语所讲的“只要有正义（法律）存在，哪怕世界消灭”（Fiat iustitia，pereat mundus ），仅仅属于一个法的世界；在法之外，还存在着其他的价值；因此，使这些与法相对的价值具有效力，可能变得很有必要。（1932 年）

154

仁慈是一种象征，它表明在世界中存在着一些价值，这些价值吸收到更深厚的养分，比法律达到更高的顶点。（1932 年）

155

从本意和原意上讲，仁慈，像一缕来自另一世界的光线射入晦暗冷凉的法的世界，它应当记得，对事物进行目的合理性考察并不是唯一的可能性。除法律外和在法律之上，还将有完全绝对的理性和目的以及其他更高的价值序列。（1949 年）

156

人类相互间所适用的，是爱的律令；人对神之关系所适用的，是信仰的坚守；神对人之关系所适用的，是仁慈的希望。（1949 年）

157

仁慈与爱具有相同的本质：仁慈所指的，是与脆弱的人类之爱不同的上帝之爱的完美性。（1949 年）

158

上帝的正义，同时既是仁慈——罪责的宽恕，罪孽的救赎，也是正义——惩罚性报复。（1949 年）

八、刑法、刑罚和信仰犯

不管他应惩罚人，还是应关护人，他必定把人当人看待。

——歌德

159

只有一小群完全自由的思想者才会意识到所有刑法的深刻的问题性，这样的问题性只有随着刑法自身的消失才一同消失。（1938年）

160

不断出现的新的大赦，为数众多的免刑、缓刑和减刑，形形色色的规避刑罚制裁，这些越来越清楚地显示出：刑法已经丧失了它的良心。（1929年）

161

从统计的数字可以看出，刑罚越来越丧失了对自己的信任，越来越丧失了它的良心。这一切虽也自有其合理的根据，但主要还是归因于社会上的以及法官身上的价值意识变得衰退；按照俾斯麦的话说，人的力量，如果发现自身得不到任何来自上面的理由支持，也就感到没有足够的力气去执掌行刑刀。（1932年）

162

刑法比其他法的领域更需要法的安定性，因为只有成文法才能保证法的安定性，故此每一部现代刑法典都将刑法完全浇注为成文法的形式。（1907年）

163

法律越符合国家对犯罪人防范之目的，越应当考虑采取措施对待所谓的犯罪人对国家之防范。（1925 年）

164

个人的罪责大多只是一个社会罪责的象征，所以同样也可以说，一个好的社会政策同时也应是最有实效的刑事政策。（1922 年）

165

一个也许更有远见的目标是要表明：不是要一部更好的刑法，而是要比刑法更好的东西，即在对犯罪人进行教育和社会防卫的意义上理性地对待犯罪人。（1932 年）

166

问题可能在于：刑法的发展要跨过以前的刑法，刑法的完善不是要汇编成一部更好的刑法，而是要汇编成一部比刑法更好的矫正保障法，一部比刑法更明智、更有人情味的法。（1932 年）

167

刑法的进步意味着刑罚逐步做到非感情用事、做到冷静和理性化。（1933 年）

168

从刑事统计数字我们看到的是：刑法对犯罪之最低限度的影响，无论好坏，不过主要是社会状况的影响；最好的犯罪防范不是刑法的改革，而是我们的社会关系的改革。（1933 年）

169

每一时代都有每一时代理应承受的犯罪人。（1949 年）

170

犯罪的禀性并不是一小撮犯罪团伙的性格特征，而是社会上有异常质资的平均人（常人）的灵魂中渴望发泄，通过越轨的社会生活事实和关系，以使自己以行为方式表现出来。（1947 年）

171

正如不应把“虔诚的愿望”“善良的意图”看作值得赞赏的利益，我们也不应在“恶意”“诱惑”“教唆”中去最终寻找罪责；因为，行为从不遵循“虔诚的愿望”，而“善良的意图”也会铺就通向地狱之路。（1914 年）

172

新刑法已被贴上了这样的口号：“非对犯罪行为，而是对犯罪人”；我们还应该这样说：非对犯罪人，而是对人。（1932 年）

173

一旦某个人只被视作“犯罪人”，只是针对具体行为而被冷不防地观察时，那么他的形象将遭受到何等的扭曲啊！（1929 年）

174

谁处在被告席——假如是处在刑事法庭的被告席——假如处在他所经受的公共舆论的政治被告席，那么他将会感受到人的行为的形象和生活的总体形象，由于被粗暴地撕碎将变得何等的扭曲，他由此还会感受这些形象陷入支离破碎，其所赖以存在的生活也突然一丝不存地处在众目睽睽的审视之下。（1928 年）

175

心理学观察的正确进路不是经由行为到人格，而是经由人格到行为。（1929 年）

176

有关刑罚目的之争论是有关国家目的之争论的一个问题部分，刑事政策是（国家）政策的一个组成部分。（1914 年）

177

我只能就恶意而实施报复刑，只能就动机而设定动机；只能对人的侵犯而不是对自然力采用刑罚进行反击。（1908 年）

178

值得思考的是，一方面，复仇尽管是对另一个人实施的，但它并不是对此人所作的价值判断；另一方面，赎罪虽然表达的是一种价值判断，但只是由行为人自己对自己作出的——而报复刑则不过是这两个方面形成的一个充满矛盾的混合产物。（1914 年）

179

把刑罚当作报复、当作暴力的反击和赤裸裸的无价值判断的观念，只有当犯罪人也这样对待其他人且能够构成故意时，它才是与非决定论相契合的，也才是具有证立根据的。（1914 年）

180

报复性刑法具有两面性：其一面针对犯罪人，另一面针对国家，即便在对犯罪作出反应时刑法仍须借助国家在平衡罪罚的意义上确立正义的界限。（1927 年）

181

刑罚意味着有意地施加某种痛苦。在此意义上，谁要是实施刑罚，他就必须坚信有某种更高的使命。（1929 年）

182

报复刑其实只在特定的法律上才可以被称为“法律惩罚”，因为，与教育保安处分依赖犯罪人的人格观念而不是依赖其过错相比，报复刑在通过行为与罪过确定量刑时提供一个可以把握的标准，而且，报复刑进一步为行为和罪责设定直白单一的刑罚应对措施，而不是像教育保安处分那样提出可以选择的各式各样的处理方法。（1929 年）

183

在报复理念意义上形成的法律措施无疑可以理解为“刑罚”，而在矫正保安论意义上符合逻辑地形成的刑法最终却不能称为“刑法”。（1932 年）

184

报复刑思想同时有利于证立刑罚及其目的规定性，而且在它身上同时实现着正义和法的安定性思想。（1932 年）

185

重建对有效价值的信仰，须以建立新的、公正的社会经济秩序为前提。到那时，所存在的，就像现在一样，即几乎没有人会感觉到施加于己的刑罚是正当的。（1932 年）

186

报复刑要求实施报复刑的国家要比犯罪人具有道德上的优越性。而且，只有当报复刑在其所经历的另一端中实现了赎罪，它才会达到目的。（1926 年）

187

受刑者不应被当作受辱者，而应被当作悔过者重新回归社会。（1924 年）

188

当惩罚教育能够在自由同伴社会中从精神上把迷途者改造成为赎罪者和忏悔者时，它才真正达到了自己的目的。（1933 年）

189

如果说报复刑是罪责意识的觉醒，那么教育刑也正好是报复刑，但不是在报复刑范围内的教育，而是把报复刑作为教育的手段。（1932 年）

190

只有当报复刑站在受刑者的角度自愿地适应赎罪和忏悔之时，它才是充满意义的。报复刑，如果其是在赎罪和忏悔中寻求目标的话，那它只不过就是教育。（1933 年）

191

矫正，连同报复刑，均应以实施刑罚的国家比受刑者——被矫正者或应受报复者——具有道德的优越性为前提条件。（1924 年）

192

特别预防理论的不可否认的难题在于：它没有资格单独确定刑法的形成；其理论只能从特殊预防目的论与正义法的安定性理念共同作用中抽引而来。而且，这种共同作用更多地表现为一种相互作用。此法的理念之内的紧张关系在刑法的具体问题上特别形象地再现出来。（1932年）

193

刑事司法和刑罚处罚中的教育思想总是与人们圈定的刑罚概念相抵触。我自己承认，对我而言，刑罚概念只不过是一个合目的地对待所有犯罪者的问题。（1932年）

194

对我们来说，这意味着要以法的安定性来代替专横任性，以人道代替暴虐，以矫正和感化代替恐吓和报复——但不是以软弱来代替无人性，因为教育者在这个时代不单要有一颗充满悲悯的心，而且也要有坚强的手腕。（1946年）

195

用反社会者对待社会的方式来使他与社会隔离，就像在旱地里教他学游泳，这一办法是行不通的。只有在社会中，人才可能为社会而感化。（1911年）

196

集体监禁使人变坏——单独监禁使人矫正，但单独监禁、矫正只是为了教育部门，而不是为了生活本身。监禁中的生活条件与自由的生活条件完全隔离，两者不可比拟，以至于犯人此时此地的矫正绝不可能使其回归于彼时彼地的行为方式。因此，必须让犯人尽可能地模拟自由的生活条件。（1911 年）

197

集体监禁使人变坏——单独监禁使人意志削弱。单独监禁主要使人在孤寂的悔恨中挫创邪恶意志。（1911 年）

198

监禁教育是一种强制教育，强制招致对抗，而教育只有奉献爱心时才有可能。（1929 年）

199

病人吃的药越多，他肯定会死亡——犯人所遭受的刑罚越多，他肯定会重新犯罪。（1929 年）

200

采取不正当的方法被证明有罪的违法者是很难赎罪的，也是难以教化的。（1949 年）

201

服刑期是一块飞地，是一段空洞的时间流程，是生命之中的一段死寂——我们不再有残损身体的肉刑，但在自由刑中我们还保留有肢解生命的刑罚。（1911 年）

202

在死刑辩护者们看来，他们所感受的伟大词句不可能再有适用价值：他们不知道，他们在做什么。（1910 年）

203

死刑绝不可能证明是有利于犯罪人的固有利益的，因为它彻底灭绝了这一利益主体。（1914 年）

204

从人道的立场看，死刑像所有的肉刑，特别是现在又有所回头的阉割刑一样，因为它们将人贬谪至仅具有纯粹肉体的生物。（1947 年）

205

某个信仰，尽管与要获取和保守的传统的价值判断和法律规定相抵牾，但绝不是随时变动的任性之事，而是一件严肃的工作和体现坚毅性格之事；轻易从无论什么人那里获取而从未经自己审思的想法，一经他人严肃反驳就立刻对自身产生怀疑的想法，自己否定自己的想法，

以及否认结果和逃避后果的想法，都绝不是信仰。（1924 年）

206

那些没有通过一切手段（譬如通过他的著作）在政治谋杀之前设法得到牺牲者的一张合适肖像的人，那些不是遵从自己的想法，而是盲从了某种异己的、本能引诱的人，那些本不准备自己承担行为后果的人，那些在饮酒过度时逃避自己的行为形象及其后果的人，绝不是信仰犯。（1926 年）

207

一个信仰犯会在法官面前毫无保留地承认自己的信仰，他不会顾惜自己将可能面临的受威胁的命运，而是利用刑事程序作为最后的手段进行漂亮的政治宣传。谁在信仰时变得贪生怕死，以认识错误、服从命令或情况紧急作借口，那他就不再是一个信仰犯了。（1948 年）

九、法治国和民主

国家一旦没有了正义，就沦落为一个巨大的匪帮。

——奥古斯丁[1]

1 奥古斯丁（Aurelius Augustinus，约公元354年—430年），罗马帝国末期的基督教教父哲学的代表人物，著有《上帝之城》《忏悔录》等，倡“原罪”说。——译者注

208

民主的确是一种值得赞赏之善，而法治国则更像是每日之食、渴饮之水和呼吸之气，最好是建立在民主之上：因为只有民主才适合保证法治国。（1946 年）

209

对我们而言，法治国不仅是一个政治概念，而且是一个文化概念。它意味着要保护与秩序相对应的自由，与理智相对应的生命，与规则性相对应的偶然性，与计划框架相对应的充实过程。简言之，它保护那些属于目的和价值的东西，而与此相对应的，则仅仅是符合目的和具有价值的东西。（1929 年）

210

的确，对国家而言，法仅仅是实现目的的手段，不过在相同意义上学术也是如此：国家通过促进两者而利用它们两者。（1932 年）

211

只有立法者自身服从法治的条件下，立法才能托付给立法者。（1934 年）

212

一部宪法既不是靠个人机敏也不是靠个人的聪明来完成的，人

的机敏和聪明只是宪法的助产士——宪法是由全能的历史完成的。（1928年）

213

宪法是历史流动之河的坚韧之体，是坚固的底床，它为民族历史之流铺呈航道——经年累月缓缓地加深、展宽和变迁，宛若历史从前在其自身刻下印记。（1928年）

214

宪法像一块盾牌，其佩带者越是喜爱它，它由以往的战斗留下的擦痕和粒面越多。宪法像一面旗帜，其荣耀越多、越具有神圣性，它被穿破的刀痕和透射的弹孔越多。（1928年）

215

自由是民主的题中应有之义。（1947年）

216

民主需要群众，但确实群众能够把个人带进深渊，直至犯罪。同样可以肯定的是，群众也能把个人抬到天上，使之变得狂热，直至具有英雄主义，而对此，他作为个人可能是完全无能为力的。的确，群众并不总是善的，诚如个人并不总是善的一样。然而，像个人一样，群众也是构成一切善或一切恶的一种质料；而这种质料也正是从你我身上塑造而成的。（1925年）

217

相对于自由主义而言的民主，并不是要求解体，而是要求一种大众文化。（1925年）

218

有人说，我们的欢庆活动太多。但是，一个年轻的民主需要庆祝活动，就像一个年轻人需要游戏：为了塑造自己。（1927年）

219

民主并不像是一架精心设计、加满汽油的机器那样呈现出活力，而是像一个多重繁复地相互套在一起的矛盾，它要求充满活力的人的机智和灵巧，逐步使之趋于平衡。我的意思是说，所谓最好的东西，就是人们能够谈论的东西。（1927年）

220

民主既不是一种世界观，也不是一种用来解决社会中的世界观冲突的程序方法。（1949年）

221

民主就是遴选领袖，由人民选择的领袖们有责任去领导人民，不因害怕被领导的民众而使他们盲从。（1945年）

222

民主是一种国家形式，这种形式绝不反对社会的权力转移，而是促成每一个权力转移以其非常独特的敏感性迅速地在政治上表现出来——其并非无关紧要的任务之一，是为每一个权力转移给予专门的认可；在去神的世界里，这一认可还可能就是对人民之多数意志的认可。（1927年）

223

民主，就其背景而言，包含有相对主义。它把每个人的看法传达给国家的领导阶层，他们已经意识到肩负着国家之多数人的责任。支持者的人数，并不能超越国家领导阶层之上来决定某种政治观点的实质内容，因为没有任何政治观点是可以证明无误的，也没有任何政治观点是完全可以辩倒的。这样的相对主义包含着相当一部分怀疑，相当一部分顺其自然；它以成熟和明智为先决条件，对这一点年轻人是难以理解的，他们必然会把有限的世界图景视为整个世界图景。（1927年）

224

对民主而言，个体的价值可能是多重性的，个体之多数的价值要高于个体之少数的价值；相反，就概念之必要性而言，自由主义的个体终极价值却不可以通过强大的多数之价值内容超越。（1932年）

225

在民主国家中，党派是宪法生命的最重要器官，是钟表的各个部件保持运转的喧闹。（1929 年）

十、祖国、民族和世界公民

拥有冗长历史的民族是非常凑巧的。

——孟德斯鸠

226

实际上，政党和祖国之间根本不存在对立；实际上，任何一个政党都不会有根本不同于祖国的使命及内容。（1928 年）

227

正如国家是由领土、人民和法律三部分构成的统一体，祖国之爱也是在三方面即故土感、民族感和共同体感发挥作用。但是，故土感容易使我们局限于小时候立足的狭小空间，具有地方性偏爱意识；而民族感则容易为整个世界强加于一种竞争的、争斗的本性。相形之下，只有最弱的、但也属最高尚形式的一种祖国之爱是共同体感，它是我们新的国家观的核心：共同体感随着我们不断增长的热情而不断延展，严密而符合逻辑地经过社区、经过国家、经过大帝国，一直通达至我们构成其中一员的国际社会。（1919 年）

228

由于国家依靠人民，它最终依靠人民的共同体感，依靠其公民的训练和教育。（1919 年）

229

公民观念可能建立在国家组织起来的生活上，建立在法律所规制的生活上，建立在法律限度内自由活动的国家生活上；在此意义上，公民观念也是国家意识、法律感和社会责任感。（1924 年）

230

共同体感是最弱的一种祖国之爱，对此几乎没有庆祝的歌声和赞美之词；但祖国之爱却又直接由此获致自己的名声。（1926 年）

231

真正的民族感情，就像真正的爱一样存乎人们的心间，而不是停留在口头上。（1927 年）

232

如果说那种不被人所看到的爱是最崇高的爱；那么，祖国之爱中的共同体感是更为崇高的部分。（1927 年）

233

凡不是由于持续的历史演进，而是通过与历史的革命性决裂兴起的国家，凡为它们有意识地区别其他一切社会体而自豪，认为自己不是历史的无意识怪胎，而是纯粹理性的创造物的国家，必然会对自然法的基本原则（它在国家的摇篮中诞生）和实在法的规则（其品格由国家塑造）给予特别的尊重。（1919 年）

234

凡对个性适用的，也对民族或国家整体个性适用。个性不是通过费尽心力直接得到的，它只是一种馈赠和恩赐。民族意识中的“乡土艺术”和“祖国诗歌”在艺术上总是保持着次等的地位。然而，艺术，只有致力于处理人类伟大的题材，它才同时必然是民族的。一旦把目光紧紧盯在实现民族的特性上，那么民族感情将变成沙文主义。（1927 年）

235

就像个性一样，民族性也属于一种价值，只有当人们并不是刻意追求之，只是忘我地献身于事业时，这种价值才得以实现。极力表现民族特性，是一种不成熟的、软弱的民族意识的征兆，而不是它的一种治疗手段。（1927 年）

236

只有不刻意追求民族的特性，而忘我地献身于具有普遍有效性的工作，那么人民才集合成一个民族。（1932 年）

237

民族不是一个源于血缘（没有纯种的血缘）的共同体，而是一个由历史命运决定的共同体，一个活的文化共同体。（1926 年）

238

民族是具有自我特性的人民。这一特性表现在它的文化之中。因此，民族在本质上是文化民族。（1927 年）

239

民族文化是一个民族纯粹在质上而非在量上的可测度之规定性，因为按照军事观点看某些民族（国家）是“强国”，但根据量上来看，这些民族（国家）的实力却是千差万别的；而可比较的，则是它们在质上都是相等的。（1932年）

240

不存在有一个德意志的真理，也不存在一个作为德意志人奋斗之天职的德意志神，但一个德国人想要从事的事业，必然也属于德意志民族的事业。（1932年）

241

一个德国人所创造出来的，也必然是德意志民族的——但只有在这种创造物不是有意识地服务于民族性，而是服务于事物本身（即美、真）时，它才会体现为最佳形态的德意志性。（1949年）

242

“统一、法律、自由”——这在德国应该说是一个标准的用语，就像我们在法国的所有公共建筑物上都可以读到“自由、平等、博爱”一样。（1924年）

243

德意志人的灵魂具有这样的特性：他们非常渴望获得统一，但又并不扬弃丰富多彩，而懂得内敛。（1929 年）

244

德国人的特点在于：当第一次把衣服的纽扣扣错时，他会接着扣第二次、第三次，直到由自己把它扣好；他会执拗地坚持最初选择的路向，这不仅仅是出于某种逻辑的一贯性，而且也是出于某种审美的需求，既追求飞动的曲线，也追求百折不挠的直线之美。（1947 年）

245

德意志人的灵魂是深邃的，但也是沉重的——只是这种沉重趋向于深邃，故此德意志人总是一再地迷走于深沉感觉的迷宫之中，迷醉于最终说不清道不明的幽暗之中；他们由于缓静的沉思而使行动的机能变得麻痹，由于自我折磨的忧烦而使自己对世界的亲和之情渐渐枯萎。（1949 年）

246

只有当一个民族相信自己要去担当一个超民族理念之使命时，民族意识才越来越变得最为强烈。真正的民族意识的结构是这样的：它是一个民族作为人道价值的天生承担者的意识，是作为一个“人道的民族”的意识。（1932 年）

247

追求表现民族的特殊本性，只会产生令人乏味的、偏狭的乡土艺术，其作用范围只限定于民族的界限之内；同时，它也只会产生有限的倾向性知识，这一知识不能使任何人相信界限之彼岸。而伟大的、具有世界影响的民族本性的塑造则直接来源于创造，这种创造使一个民族只有在所有民族的目标之外才会意识到自己合适的、客观的使命。（1949 年）

248

只有世界公民才能够是世界法官，而没有这样一个国际人类，我们就不能指望获得国际争端的裁决；在国际的人类那里，我们所能听到的，将不再是法学或外交上的苍弱的声音，不再是个人理性的若隐若现的回音，而是强烈的共同体意识的浑厚的声调，一种巨大的社会共鸣。（1919 年）

249

超民族的诸文化价值，只有当它们代表优秀的文化并在其超民族的使命中获得人格的、社会学的形态时，才能够成为一个超民族的共同体意识的出发点。必须有这样的人，他们准备全力以赴走出民族的界限，并且全心全意为超民族的使命服务。一个超民族的法律秩序必须在超民族的人类群体中得以体现。只有首先有世界公民，然后才可能有世界法官。（1946 年）

250

罗马教皇作为精神领袖的至上权威不纯粹是一个历史的残留物，它更应当被看作未来世界国际法新构建的楷模。（1946 年）

251

只有超民族的人类才将胜任承当真正的国际司法的任务；只有他们才能够做到不仅仅根据妥协的方式在发生争端的民族之间画出一条双方之不法行为的对角线，而且从所有民族都予以考量的人道立场出发创造真正的国际法。（1947 年）

十一、政治

多么难听的歌！呸！政治之歌！

——歌德

（1931 年宪法纪念日）

252

议会民主的国家形式就是要政党来谋取权力。它是一种动力，能够单独使宪法生活的整个时钟保持运转。当各政党被迫不再意图谋求权力而是逃避权力和责任时，那么一个议会民主的宪法就必然失灵。

253

德国各政党已经不再想听得进一个简单的真理，即想执政或想负责一个政府意味着：落选。如果没有执政的风险，统治艺术就不会发明出来。在议会制的统治中，政党必须适应轮流执政的游戏：执政和落选，在野和夺回选票。

254

议会制的执政方式不意味着要议会来执政，而是由政党领袖来执政，这些领袖由议会任命，也能够随时被议会罢免；而这些领袖一旦执政，就必须让他们有效地执政。民主的实质就是选举领导人，它的基本问题是要把民主的认可与权威的领导勾连在一起。在我们这里，与民主思想相对应的独裁思想能够获得如此的影响，主要是因为我们对民主中所包含的独裁因素还没有充分的认识，也没有作足够的评价。

255

做一个政治领袖，意味着：他无论遇到任何处境都要保持平和，不要透过破碎的镜片来看待某个不可动摇的纲领。政治领袖必须能够忍受别人对他说："若不了解一个人，凭什么相信一个人！"他自己也一定要对自己说："你们统统对我发火好了！"

256

民主的政治家不要自行改变主张。在一生之中，政治家在过去讲过的话总会在适当的时候使他受到指责。在我们德国，要让个人和党派以不变应万变将比世界上任何其他地方都更为艰难。斯特来斯曼（Stresemann[1]）的权力就是一个标志，表明：这种朝令夕改的政治家，其变化总能不招致人们的责骂，是极其少见的。

257

民主，就其背景而言，包含有相对主义。它把每个人的看法传达给国家的领导阶层，他们已经意识到肩负着国家之多数人的责任。支持者的人数，并不能超越国家领导阶层之上来决定某种政治观点的实

1 斯特来斯曼（Gustav Stresemann，1878—1929 年），德国政治家。1903 年加入德国国家自由党，后又创建德意志民族党（Deutsche Volkspartei）。1923 年任魏玛共和国总理，同年 11 月内阁垮台后改任外交部长。曾与法国外交部长布里昂共获诺贝尔和平奖。对斯特来斯曼的从政和为人，拉德布鲁赫曾在《南德意志人民报》（S.V.Z.）专门撰文进行评论。见本书附录埃里克·沃尔夫：《古斯塔夫·拉德布鲁赫的生平和著作》第 5 部分及相关注释。——译者注

质内容，因为没有任何政治观点是可以证明无误的，也没有任何政治观点是完全可以辩倒的。这样的相对主义包含着相当一部分怀疑，相当一部分顺其自然；它以成熟和明智为先决条件，对这一点年轻人是难以理解的，他们必然会把有限的世界图景视为整个世界图景。

258

经常听到年轻人而不是所有的人有这样的说法："我们年轻人反正是有主见的。"青年运动告诫老一辈人：年长不是有理。现在也该轮到告诫青年人：年轻也同样不是有理。

259

现在 50 岁人的年轻时期与目前的年轻一代之间的差别简直是太深了！我们那时几乎有一种病态的恐惧，害怕受世界观的束缚，也害怕只根据有限的现实性而为无限的实现可能性作出牺牲。这对那时的年轻人来讲意味着是一种世界开放的可能熏陶，而对当时没有看出这一点的年长者而言，则可能意味着是一种虚无主义的放浪形骸。现在的年轻人已经放弃了这种世界开放的可能熏陶，他们不能像前辈那样把握住自己。当一个年轻人神气活现地声称"我是马克思主义者""我是纳粹主义者"时，我们总是想要他们回答一个问题："那么你到底还是什么？"

260

没有任何政治观点是可以证明的，也不是可以完全辩倒的。由于没有任何政治观点是可以证明的，一个观点就要受任何其他观点的辩驳。由于没有任何政治观点是可以完全辩倒的，它就要受到任何其他观点的尊重。坚持己见、公平对待异见就是政治斗争双方的基本原则。但德国人总是把自己的信仰看作一贯正确的政治觉悟，因此对德国人而言，政治对手要么是笨蛋，要么是罪犯。

261

德国人把政党狂热与政党冷漠高度奇异地混合在一起：即政党政治——哎，但我自己的党派是超越于其他所有党派之上的，因而也就根本不再是什么党派。这一混合的感觉是极权国家的危险的遗传因素，它把自己假想作是具有置于党派之上的极权，坚持自己有一种超党派的立场的可能性，从这种立场的制高点来观察党派的争辩，就好像观察一次多余的口角。政党冷漠和政党狂热长在同一棵树上：长在认为有一种超政党政治之可能性这一错误看法上。

262

民族身份总是不言而喻的。我们都具有民族身份，只是采用的方式各有不同，但没有人能够证明：他自己的身份是对的，别人的身份是错的。假如某一特定党派单独声称自己是民族的党派，那么这就是对所有其他党派的一种侮辱。它把“民族的”当作一个政治口号对待，可能会迫使其竞争对手也把自己的政治观点套用“民族的”一词。而人宁可咬断舌头，也不要以如此加倍滥用的语言自称是民族的。真正的民族感情，就像真正的爱一样存乎人们的心间，而不是停留在口头上。

263

我不能想象，任何一个民族会像德意志民族这样刚愎自用。在我们中间，总有一些人即使在面临民族灾难时仍找得到精神胜利法式的自负理由。

264

在战争中必须密切监视敌方的阵地，而对敌人的仇视是与远离前沿阵地的距离成正比例而增长着的。这在政治中也同样如此：各党派的领袖，议会议员们，已经习惯于相互商谈、相互争斗、相互争吵又相互忍耐；因而前线的政工战士（die politischen Heimkrieger）比敌后的政工干部（die politischen Unteroffiziere in der Eappe）更容易坐到谈判桌旁。在政治后方，而不是在政治前线，党派的仇恨才会像野草般疯长。

265

在我们的军事训练中，长官对新兵们常说的一句话是："我将尽可能照料你们，但绝不可以把这个当作人道！"我想起，在年轻做学问不久曾一度在我自己的法哲学理论中按照黑格尔的口吻说，凡属黑暗的，我们称它为启蒙。人性、启蒙、正义、自由、理性，这些完全使世界澄明的概念于今却获得了不好的名声。这里我不想反驳说，含义越深刻的概念越有意思——而只想反驳说，在政治层面，这些概念被赋予了统治地位。有一些事，要通过分毫必较的金秤细细平衡，而另一些事，则要通过简单的人类常识即可认知的小摊贩陋秤来称量。政治的情事就属于后一种。

266

政治，在德国比在其他国家，反映在深刻得多的精神层面——反映在极深层的领域。人们总是根据终极的世界观就政治问题做出决定，而根据政治立场就终极的世界观问题做出决定。人是无神论者，因为人在政治上是不断进步的；同样，人也信上帝，因为上帝适宜于保守的生活式样。事实上，我们不应在世界观的层面，而应在接近目的理性之表层来对待政治。

267

人可以被定义为求解好辩的生命体。在人看来，一切都变成了符号。不过，我们是否意识到，在看起来最现实的生活领域，政治是如何被充塞着各种符号的，而议会又是怎样经常迷失在非现实性和不可测度性的危险之中的呢？谁难道没有经历过，政党之间的对抗有时是由一些微不足道的小问题激起的，而这样的问题具有某种政治象征的意义，其外延已超出了它的实际内涵？如果有时间考察一下，有什么样的问题，在议会辩论中是一个焦点，而即使在生活中也被证明是一个核心问题，那么这将是议会社会学中的一个十分诱人的课题。

268

在德国政治中，符合理性的东西发生，并不是因为它是符合理性的，而是因为根本还没有别的东西可以作为符合理性的东西来对待。在我们德国，大家长期以来习惯于等待，直至情事紧迫，带着其神圣的霹雳降临到我们头上，（我们）才会变得理性起来（论题：《帝国的改革》）。

269

有人说："政治败坏人格。"不，政治考验人格。谁在政治领域把在私生活中可能不允许的许多事情看作允许的，那么他就根本不会在私生活中承认宽宏的道义。这种人格在政治上已有所表现。

（1933—1945年）

270

现在有很多人，他们不能忍受的是：世界历史看起来不再像是帝王操权弄术的历史，而更像是监事会或股东大会的历史。他们不能忘记他们在学生课本中读到的叙事诗：他们认为，这些叙事诗总是铿锵有力、轰隆震地、噼啪作响，只有在此时，世界历史才走上了伟大的进程。对一个民族而言，没有什么会比其领袖的叙事诗式的历史观更有害于生命的了。

271

修辞，一旦使讲演者本人成为被麻醉的牺牲品时，就是极为有害的东西。

272

完全缺乏诚意的人，从来不是有效果的演说鼓动家。有效果的演说鼓动家从不骗人，但他也会以充满极其诚实的口吻讲一些极端不真实的东西。

273

在世界历史上，过去从来没有像在今天这样，人民能够如此直接、如此清楚地认识他们的领导人。然而在广播电台，这些领导人无耻地散布其险恶的用心、卑劣的品质和丑恶的行径。令人费解的是，群众，还有那些迄今尚属正派的人，却对这些品性不纯的思想表示欢呼。对此，我们也只好克制自己来听令人讨厌和恶心的东西。

274

令人可怕的是，这些人的面部表情既不富有魅力也不使人厌恶，而简直就是平庸、粗劣、下流和卑俗。市侩似的撒旦，小市民似的反基督者——对德国人来说，这显然就是一个有用的面罩，可以把魔鬼的面容遮起来。

275

整个民族的精神错乱，这在心理学上不可能说得清楚。当人们谈及魔鬼权力的参与，谈及末日审判的、超验的权力渗透于现实时，人们所要表达的，就是这种说不清道不明的状态。某些人至今还不信上帝，但至少开始相信魔鬼。

276

德国人比其他民族更认真仔细。为了不必欺人，他们首先自欺，通过自欺伪装自己。因此他们回归真理还需要花费非常巨大的努力和十分漫长的时间。

277

我们只有在两种期望之间作出选择：要么是我们民族投降，要么是罪犯胜利。人们总是想放弃对未来的任何愿望，好像这种愿望是别人的愿望。那么，人到底能够对自己愿望做些什么呢！

278

从来没有前后相续的两天会有如此的天壤之别，即旧掌权者的末日和胜利者入城式的开始。没有人能够预测，他在这一天交替之后会经历怎样的崩溃、怎样的希望、怎样的忧虑和怎样的变故。

（1945—1946 年）

279

它们又回来了，几乎没有变化，这些可爱的老党派！世界观派的吵闹声更大了，极权派的吵闹声更大了，所有这些党派都没有意识到，党派只意味着部分，意味着片面性和缺补性；它们没有意识到，政党国家是以政党的更迭为条件的。作为一党国家的候补者，它们所有的党派均认为必须为此作好思想上的准备，来全部和长久地管理国家。

280

深表理解的是，与 1933 年前后出现的青年对党派之狂热不同，现在的年轻一代则根本怀疑任何党派。但我们必须对这些年轻人强调的是，没有政党，就不可能有民主。

281

当我们反对所谓“党派僧侣”[1] 而呼吁“专业人士”时，我们也应当考虑一下，专业人士只是管理上的专业人士，而备受攻击的党派僧侣，这些职业的政治家，却是政治上的专业人士，是掌握政权的专家。

282

拥护多数选举法、反对关系选举法的斗争不应当理解为是一次反对政党的斗争，而只应看作拥护另一种通过党派提出候选人的斗争。一般而言，只有党派拥有物质手段和技术手段，能够推选候选人，而

1 这里的“党派僧侣”（Paiteibonzen）是一种贬称，暗指政党议员们属一帮脱离群众的闲人。——译者注

且这也是好的方式。但多数选举法也要求党派在提出候选人时应当考虑选民的意愿，因为为投票而斗争必须是推选具体的候选人，并通过具体的候选人来进行。

283

在纳粹时期，政党宣传变得堕落了，因为：竞选集会被游行集会所取代；与政治对手的辩论，被检阅政党信徒所取代。现今的党派仍然在这种联系中承继着纳粹主义传统，没有什么变化。这是一个非常简便的，但绝不是很有勇气、自觉的选举斗争手段。

284

政党选举不是一种宗教信条，而是执政训练的一种贡献。但人们不是总能够足以重复这一不言自明的道理。

285

现在，在政党生活之中正在进行着某种液态化过程。在两个超大政党中，一个开始努力把它的基础越过劳工阶级而偏移至资产阶级，并且相应地软化其阶级斗争学说；另一个则站在十字路口上，准备在“基督教社会同盟”（CSU）和“基督教民主同盟”（CDU）之间，在社会主义信仰或民主的信仰之间，即在进步和反动之间作出抉择。或许人们甚至不希望以这种软化的姿态形成政党的性格，并使其过渡到固定的聚合态。或许是这样的。

286

小党经常扮演着一种从政治正义的立场看属于卑劣的角色：一种鹪鹩的角色，它自认为自己比在山鹰的脊背之上还要高出几个等分。只有当它们为超大政党服务并作为必要的议会多数产生政府时，它们才通过其得票的分量而在政府的组成中获得一种并不十分合理的份额。对稳固的议会制政府所期望形成的两党制而言，小党是一个阻碍因素。

287

民主的意思不是说：期待某个伟大的人物。毋宁说，民主是一种国家形式，它在没有天才的人物时，由于比较不错的平均人（普通人）担任领导人而发挥作用。相反，伟大的人物经常给他们的人民造成历史上的不幸，因为他们这样来安排国家机制：离开了他们的领导，国家就不可能运转。

288

狂热主义和教条主义都是我们政党本质中的传统恶习。必须不断重复地强调：政治的价值不是靠锱铢必较的金秤来衡量的，毋宁属于另一种模式，即应当根据简单实用的摊贩陋秤来称量。

289

对我们的政治而言，所希望的是有一点点自嘲，一点点相对主义，一点点德国人的莱辛精神，英国人的“费厄泼赖”（公平竞赛）和法国人的优情雅致，即我们要进行的不是棍棒相加的打斗，而是运用花剑的竞赛。（1927 年）

290

在政党领袖之间，也包括在对立的党派领袖之间，应当达成一项默契，有一种意识，即组成一种非正式的上议院，在这里，人们不仅意识到要对自己的政党负责，而且感到首先是要为国家整体负责。各州的政工干部们愿意进行激烈的斗争，好像他们之间不存在任何共同的东西。政党领袖必须在完全确信政党对抗之真实性的同时，自身也须积极地维护国家政治共同性的意识。（1927 年）

291

对于巨大的历史鼎新，这样伟大的时刻，需要神圣的霹雳降临，让伟大的显现伟大，让渺小的呈展渺小。（1928 年）

310

议会制并不像其意识形态所唤起的假象那样，意指议会执政。它是指领袖们执政，这些领袖获得了议会的信任，议会也可能随时撤回对他们的信任；但是只要这些领袖还拥有议会的信任，也就应让他们有效地执政，而不要想一步一步地牵着他们的鼻子走。（1927 年）

292

在社会主义中，自由主义最好的部分仍继续存在；社会主义尽管是一种经济组织体，但同时也是一种精神自由。（1933 年）

293

在思想的竞赛中，那些其影响力有某种社会力量（它可能是资本，也可能是群众）辅助的人将是获胜者。（1934 年）

294

从不归属任何政党的人，尽管可能会置身于党派斗争之外，但从来不会凌驾于斗争着的政党之上。（1919 年）

295

关于政党，任何假想的立场，事实上也是一个特别的政党立场，该立场只透过不宽容的傲慢把自己与他人区别开来，好像它是唯一的可能者，它认为唯独自己拥有真正的光环而有权轻蔑地傲视党派的斗争。（1924 年）

296

公民伦理原则的内容只能称为：接受政党，无论是谁，但都要接受政党！（1924 年）

297

德国的政党冷漠只是德国政党狂热的另一面。我们进行政党斗争，就好像从前进行宗教战争一样，相互之间不是作为殊途同归的竞争对手，而是作为势不两立的仇敌，直至最私人化的私生活领域，甚至进行人身消灭。政党仇恨使我们分朋离友、失却家庭纽带。这一现象在人性层面既令人痛苦又令人可笑，而且在政治上也是相当有害的。（1928 年）

298

选举不是表示信仰，而只是决定该哪一个政党执政。（1947 年）

299

我经常发现，学者从政不会更好，而通常看却更糟，不会比那些由政党和工会培养出来的工人更能胜任工作。（1948 年）

十二、共同体

人是城邦的动物。

——亚里士多德

300

人的精神通常没有底气，也还没有足够的勇气使作为单个的人来找到他的道路，所以需要依靠领路人，结伴同行，只有这样，单个的人才能确定自己行走的方向。（1947 年）

301

社会、全体和共同体三者相互间处于辩证的关系之中。其中任何一个包含在另一个之中。我们只有努力追求另一个，才能够得到其中的任何一个。（1932 年）

302

亲密之爱的伦理只存在于人与人之间在道德上近距离的活动之中，而不会存在于社会与社会、社会整体与其最疏远的个体之间任何行为的远距离活动之中。（1924 年）

303

亲密之爱存在并作用于感觉和行为中；而团结则体现于制度中。（1927 年）

304

社会主义伦理的关键词叫作团结，基督教伦理的关键词叫作亲密之爱。（1927 年）

305

团结、同志之谊不是像亲密之爱那样，是一种人与人之间的亲密无间的关系，而是一个人与最疏远的人（众人和陌生人）的关系；他们在超个人的整体中，最终在共同的事业中，在职业和阶级、国家和民族、劳动和工作中联系在一起。（1924年）

306

同志之谊不是人与人之间的亲密无间的关系，而是要通过一个第三者的联系，即通过共同的事业、共同的劳动、共同的斗争，通过双方同时依附的社会而连接起来。爱永远只能是亲密之爱，但它也连接着一种美好而不易满足的要求：任何人都应成为我们最亲近的人；相形之下，同志之谊却是一种陌生人之爱。（1921年）

307

社会不是人对人的亲密无间的关系，而是一种通过人类的共同使命形成的人之连带关系，是存在于共同的事业、共同的斗争、共同的工作中的联系。所以，我们要服从的社会主义世界观的定律是：个人（人格）在于社会，社会在于工作。（1927年）

308

一旦没有一个共同的事业、共同的劳动、共同的工作，共同体就变成了纯粹的共同体空想。（1927年）

309

无产阶级文化，或正在形成着的社会主义文化，只能是群众的文化，而嫁接在一起的群众，我们就称为共同体。（1927 年）

310

只有当群众变成共同体时，群众才获得了形式。群众文化就是共同体文化的表现。（1925 年）

311

的确，群众并不善，群众能够按照他们的固有价值把个人拖入深渊；这本不是什么犯罪，因为令人讨厌的是，即使没有群众心理的影响，一个根本无害的人也可能去从事犯罪。但群众也能把个人抬到天上，使之变得狂热，直至具有英雄主义，而对此，他作为个人可能是完全无能为力的。群众不善——甚至个人也不善。但群众像个人一样均属于构成一切善的原料。所以，这里要紧的，不是分崩离析，而是群众文化。（1927 年）

312

人作为个人深受枷锁的束缚，而这又使其作为共同体的一员自我锻造，这是群众心理的一个众所周知的现象。（1914 年）

313

共同体需要多重性格——共同体，只有在它所拥有的性格是丰富和生机勃勃时，其本身才可能是丰富和生机勃勃的；共同体需要多重性格：谁只想过单一的共同体生活，他将很快耗尽生命，到头来发现自己在精神和灵魂上也很快被抽离一空。（1925年）

314

性格只有奉献于工作和共同体才能够得到发展，工作则不断地使性格得以丰富；同样，共同体的生存也来自具有性格的生活。不过，总在共同体中生活的人，也将很快变得贫乏。真正的共同体生活恰恰需要许多孤独的时刻，只有在这里，灵魂之泉才会不断地充溢着生命的活水。（1927年）

十三、战争

战争绝不是冒险。战争是一种疾病，就像伤寒。

——圣埃克苏佩里[1]

1　圣埃克苏佩里（Antoine de Saint Exupery，1900—1944 年），法国飞行员、作家。著有《夜航》（1931 年）、《战斗飞行员》（1942 年）、《城堡》（1948 年）等。——译者注

315

一场战争，当为“善事”而战时，即使战败了，也是很有意义的，尽管不是很明智的。（1917年）

316

政治如战争，交易所如市场，议会如街头路障。（1917年）

317

政治类似战争，就像武力威胁类似武力自身，政治必然会根据其担当者的意志，根据担当者的需要而最终导致战争；而战争则使本身无效的威胁变成武力。我们不能持续不断地持剑厮杀，不到迫不得已，也不要持剑厮杀。（1932年）

318

没有比这句话属更严重的错误了：如果你想要和平，就要准备战争（Si vis pacem，para bellum）。（1929年）

319

因情况紧急而宽赦，对于竭尽全力抑制好战的尚武本性，本来就几乎不可能是一个够格的绝对命令。（1917年）

320

自从战争意味着大屠杀、暴死，意味着不仅碾死男人，而且碾死女人和儿童，意味着牟取暴利和坑蒙拐骗，意味着诱堕青年，意味着万般的罪恶时，战争就失去了它的荣耀。（1929 年）

321

战争，一旦遵循其自身的逻辑直至终了时，它在伦理上就行不通。（1929 年）

322

唯有宗教的考察方式使我们能从万恶的渊薮中拯救出来，舍却宗教的考察方式，每个人可能在战争中只看到某种恶，而且即使在胜利中也可能看到两种恶的些微迹象。（1917 年）

323

对待战争，宗教的考察有点像对待疼痛，宗教甚赞其涤浊之力，却又诅咒其苦痛过程。只有宗教还可能在战争中发现恩赐，而任何其他考察则仍然认为战争必定是不明智的、背离意义的灾祸。（1932 年）

324

对法律职业人而言，把战争当作一种不可避免的灾祸来容忍，是不怎么合适的。（1932 年）

十四、人、性格和人性

纯净的人心解救不了所有人类的缺损。

——莫扎特:《魔笛》

325

所谓人，即以自我为目的。故此，人之为人，不因其属肉体—灵魂的生命体，而因其表示以自我为目的。（1932年）

326

人生之路诚若两面深谷之间的峭壁，人之尊严使人在这进退维谷的峭壁之上，端正平视的双眼，不致晕眩。（1919年）

327

伦理规范具有这样的特点：它们对每一个人是有所分别的，只在一点上相同，即它们要求每个人都要成就其还没有成就的东西。伦理规范的含义是指：每个人应发展潜藏在人性中的一切可能性，进而成为一个尽可能纯粹的人。（1906年）

328

在没有风格的年代，个人也就不可能有性格。（1925年）

329

性格保存着文化创造之源和一项人类的基本权利，即孤独权（das Recht auf Einsamkeit），不过这种权利至今还没有被宪法确认。（1949年）

330

通过献身于事业，我们感到自己从自我中摆脱出来，而且当然是对我们内在极深层的自我的一种解脱。人只有在工作中找到乐趣时，才是更可爱的。然而，在完全忘我的工作表情中不仅有喜乐，而且还有深藏不露的严肃，才是美——言其美，是因为我们在这表情中亲眼看到，像有一种超人格的秩序居于单个人的力量之上，而又在人力上获得有血有肉的、生动可见的形象。（1927 年）

331

性格不是可以被刻意追求到的；它只是忘我地投身事业的一种意外收获，只是赏赐和恩惠。（1914 年）

332

人只有把自己托付给心灵，才将拥有心灵。只有通过事业才会走上通向有性格之路。（1919 年）

333

只有通过忘我地投身事业（Sachlichkeit）才会变得有性格。心焦气躁、急见功效地想练好独具品味之书法的年轻人，真正得到的却是难看的字体，而从不会是有品性的书法。故此，想径直谋求成为有性格的人（Persoenlichkeit），绝不会是有性格的人，而不过是一只花镜在手的浪荡公子。（1927 年）

334

通过劳动形成共同体，也形成性格。人只有忘我地投身于事业，只有毫无保留地融入共同体，才会变得有性格。（1929 年）

335

社会的最终目标是有性格，而性格属于那种不去刻意追求时人才能够得到的价值。（1932 年）

336

诚如性格只有通过物我两忘地投入工作发展而来，反过来只有真正伟大的工作才是性格充实的丰沛之流。（1932 年）

337

以毕生之力谋求成为有性格之人，反而不能成为有性格之人；而若踏实地、真正地做好自己的工作，即使对此没有用心去想，也将在自己完成的工作中欣喜地寻找到属于自己的性格特征。（1949 年）

338

最终，问题的关键不在于有人是否去追求荣誉和声名，而在于到哪里去追求荣誉和声名。成名欲存在于自我极其亲和地、极度喜乐热情地从事事业之中。而且成名之光彩诱人的图景也可能成为动力，推动人们去创造，去劳动和工作；唯因如此，劳动和工作只服从它们自己的规律。从声名中得到饱和（声名是一道使人迅速吃饱的菜肴）只圆融于事业本身的追求之中。（1934 年）

339

只有对艺术一窍不通的人才会每时每刻感到自己是人类社会绝对有用的一员。（1929 年）

340

我们的主体不可挽回地终结于内省，而内省却同时想使主体成为客体。（1919 年）

341

人类有一种天生的冲动，把客观的事情在其自身间推来推去，以使之与自身同时保持若即若离，由此人类不想被迫去眼对眼地直接观瞧，心对心地直接沟通，以免陷入纯人际关系的一切危险和动荡不定之中。（1927 年）

342

上帝赋予每个人的东西都是公平的：他使某些人体面大方，而使另一些人喜形于色；上帝从不会使同一个人既感情奔放而又雅致和谐。（1915 年）

343

魅力，使各种乖常对人予以训练，它不仅存乎于每个人灵魂的黑暗的角落，在此与残忍和淫欲相遇，而且还可能使每个人伸延其灵魂中的扩张本能，它推引人渴寻天之高、地之极，也引人追求精神生活的无穷的边际，就好像通过这些本能，存乎本能间的人类可能性的全部周边都能够被侵占似的。（1909 年）

344

天赋是一个魔鬼，被其所迷恋，也将为其所毁灭。而创造则会成为幸福和生活的奖赏。在漆黑的大地上施肥，流血流泪，但它却拥有透现美、真之光的穹隆。（1933 年）

345

最肤浅的人，如果他不是陶醉于自我欣赏，而是有一些严肃和深沉，也会触摸到其灵魂的底部——只要他知道这一点——他不要总习惯于去追逐。（1918 年）

346

事实一再表明：凡有个性的艺术品所蕴含的意义，即做人的支点，能够使艺术品结晶透明，独具形式和风格。（1917 年）

347

生活塑造了人，人塑造了他的作品。（1933 年）

348

年轻人的困迫假如是简简单单的话，相信也肯定是稀松平常的。（1916 年）

349

青年人的炽热洋溢的感情不失为人类真挚激情的流露。（1934 年）

350

纯真是儿童的、也是老年人的专利，但青年人，恰好也是最有希望前途的人，却可能经常在他们的生活中对他们自己的痛苦不再或根本不表现出理所应当的轻松，因为他们太过于把形式看得比内容重要，因为他们已事先在心目中树立了完美人格的形象，借此他们想飞升扬达，而且也许终有一天会飞升扬达。（1934 年）

351

善的本性，即女性之善的天赋，恰恰体现于某些行为特性上，这些行为特性是通过每个具体的人、每个具体的事件的紧张经历而每次重新产生的。（1914 年）

352

亲密之爱在纯心之善的塑造中就可以做到，社会伦理则必须以社会知识（soziales Wissen），即有关那种远距离影响的知识为前提，远距离影响能够把我们社会一个非常遥远之点上的行为方式施加于另一个非常遥远之行为上。因此，在错综复杂的社会中，至上善德只能够与至高机智相结合：为此耶稣基督的那句话仍然是作数的：“你们要正直像鸽子，灵巧像蛇。”（1927 年）

353

有一种守旧的乡土艺术，总愿意赞美那种略施小恩小惠的善人的有限视野。然而，善若不与智结合，常常在错综复杂的社会关系中造成比恶更大的损害。人们首先应赞美的，不是纯心之善，而是聪明机智。（1927 年）

354

传统的道德学说习惯于把理智与性情尖锐地对立起来，太喜欢赞美纯真灵魂之善。其实，善的完美程度只有在达到机智的最大限度时才有可能实现。（1929 年）

355

基督教的美德，即善与谦恭，只有在它们迫使自己具有一个强有力的性格时，才具有价值。因为，一旦它们被赋予一个软弱的性格，它们或许仅具有才能上的价值，某些人可能会以此利用他人，但它们不具有那种提升人类价值的美德价值。这些人反而径直从另一面，从恐怖的和残酷的力量方面放弃掉善德的理想。（1906年）

356

只有偶尔超越日常的被提升时刻，人才会比站在日常的宽阔大街上更接近于自己的真实本质。（1947年）

357

人们想了解爱的倏忽性，但任何新鲜的爱都相信自己是永恒不变的。（1932年）

358

爱洛丝（Der Eros），由于作为心灵事实是倏忽可变的，反而恰好在本性上渴求在其意识内容的最高形式中具有持久性，即永恒性。（1932年）

359

没有更好的方式来唤醒人类身上的善，不如这样来看待人，好像他们本来就是善的。（1906年）

360

信赖产生善，而由善才信赖。同理，尊重人类尊严才有人类的尊严。

由于解除武装才没有武装。（1944 年）

361

人道思想应用于三个方面：作为与人友善，对抗无人性的残暴；作为人类尊严，对抗非人的侮辱；作为人性教养，对抗反人类的文化灭绝。（1947 年）

362

在人道思想中到处存在着一种人性之间的紧张关系——超人性和人性自身，存在着对这种紧张关系的克服，即以人性战胜超人性，做到人道的自救。（1948 年）

363

在每个人身上都有某个点，我们可以安排它，以使其得到完全改变；然而对于人本身，我们只能通过爱来加以影响。（1906 年）

364

完美无瑕者循着星辰的冷光在空寂的世界里孤独地游移，而有缺陷的人则需要我们的援救之爱，并不可抗拒地把这种爱紧紧抓住。（1944 年）

365

憎恨不可能产生伟大，它必定伴随着某种看不见的爱。（1947 年）

366

人情（caritas）与人道（humanitas）难道不应当是相互接近的吗？（1948 年）

367

人道理念与基督精神之间存在着近缘关系，人们可以从中感受到一种深厚的支持和宗教的提升。（1948 年）

亚里士多德像及其《诗学》封面

亚里士多德（约公元前 384 年—前 322 年），古代世界最伟大的哲学家、科学家和教育家。

十五、宗教

由自然而生的基督之魂。

——德尔图良[1]

1 德尔图良（Tertulianus，约160—约230年），罗马帝国前期基督教教父之一，教会作家，著有《为基督教申辩》，倡“三位一体”和“原罪”说。——译者注

368

不管怎样，宗教是对一切现存者（Seienden）的肯定。（1919 年）

369

宗教，是对世界终将胜利的信仰，尽管人间还有痛苦和罪孽；爱，意味着对人的肯定，而不管其有价值还是无价值（Unwert）；希望，是指：在人世间，善将拥有最强大的力量，即使恶想要有的力量，最终也必将为善服务。（1922 年）

370

在宗教意识里，宗教是对一切存在物的肯定和赞同，但不是盲目地肯定和赞同；后者似乎看不见人世间的痛苦、死亡和罪过，而只是一味地肯定和赞同。（1927 年）

371

宗教是对一切现在者的最终肯定；是对一切存在物表示肯定和赞同的微笑着的实证主义（laechelnder Positivismus）；是不管被爱者有价值还是无价值的一种爱；是幸者与不幸者的来世极乐、罪者与无罪者的来世恩典；是比一切理性及其问题更高的和平；是“必然为一切善事服务”的上帝之子“喜乐的形而上的无忧感觉”（舍勒语）。（1932 年）

372

宗教的根本感觉，可以被定义为一种拯救的感觉，一种终极的乐观，即尽管存有烦苦、不幸和罪孽，尽管有各种魔鬼和撒旦，仍然承认生活的价值——这不是对看不见的非人道的命运的盲从，而是对明智而又仁善的天意和全能者的信任。（1945年）

373

悲剧，其本质是一个不可克服的紧张关系，它与天意信仰的终极乐观之间存有矛盾。然而，即使人们业已彻底感觉和完全遭受到这一紧张关系，相信悲剧不可克服，仅仅在这样的情况下，天意信仰实际上还是难以动摇的。（1945年）

374

宗教态度超越了有价值和无价值之间的对立，也因此根本上超越了评价性的考察方式和价值盲目的（wertblind）考察方式之间的二元论。（1917年）

375

宗教意味着对无价值的超越，因此必然同时也是对有价值的超越；可以想见：有价值和无价值既是同样有意义的，又因此是无关紧要的，这似乎是一个矛盾。（1932年）

376

宗教是价值超越的态度，是对无价值的超越，也因此是对价值和事实之对立的超越，是对价值和事实的一视同仁（Ineinssetzung），是对一切在者的证立，是直觉的正义之神（Theodizee）。（1932年）

377

自然王国有实然作其客体，价值王国有应然作其客体，文化王国有意义作其客体——宗教则充实了物之本质，把实然和应然融合成为一个新的统一体，把价值确定为物之存在根据，而实然和意义也完全被遮蔽了：一切东西，只因其善，只要其善，它就是存在着的。（1919年）

378

宗教存在于善恶对立的彼岸，它是最深刻的情感：毕竟，凡存在的，也是善的——最终，无论如何，人们最初遭受的恶越多，所感受的也就越深。（1922年）

379

道德学说还不是宗教，宗教不懂得什么是应然与罪责，什么是善与恶。宗教的本质可用两句话作结：一句源于《旧约》，一句来自《新约》。用创世记的话作结就是："神看着一切所造好的都甚好。"另一句《新约》的话是："那为神所爱的，必将谨从一切善事。"（1927年）

380

宗教把一切东西都置于一种完全新的、不同的视角之下，无论这些东西是现实存在的，还是已经发生过的；无论在人类看来它们是有价值的，还是违反价值的（wertwidrig）。（1945 年）

381

宗教不是修道院，人们走进去，就不再想走出来；而是路边的小教堂，在此人们把行杖倚靠在墙边做短暂的祷告。宗教就像色彩，不是完全映现于眼帘的，而是从物体上，相互连为一体的色点在我们的眼睛里显得越来越明朗、越来越新奇。（1919 年）

382

宗教必须总是不断重新被掌握，我们也必须总是不断回头看对自然之理想的不满，回头看其对文化的绝望，以便总是为当下重新找到宗教庇所和宗教拯救，重新踏上入世之途。（1927 年）

383

对我们而言，宗教意味着是有关全体的最后依托。（1945 年）

384

宗教应只通过信仰力，而非借助国家强制力得以生存并产生作用。（1922 年）

385

在历史上，没有宗教，绝不会有文化。（1922 年）

386

像暴风和烈焰席卷大地，这成为宗教改革和宗教英雄们的一贯作风，而人们却相信在大地之上，人世生活，静静地通过宗教能够按照自己的规律徐徐展开——从耶稣到托尔斯泰均如此。（1932 年）

387

宗教不会通过市民社会道德的樊篱来限制其有效范围，因为它对人类制定的规则是革命性的和不恭敬的，就像现在一样。（1932 年）

388

信仰是一回事，神学是另一回事。神学是人类的思考工作，信仰在信奉者看来则是神的赏赐和恩典。（1945 年）

389

为什么没有神就不该有宗教？神是神学，而不是宗教。（1920 年）

390

即使“世俗之子”（Weltkind）也懂得有一个不可攻克的内在堡垒作为最后的庇护之所，懂得在紧急情况下到路边的教堂为其心情烦躁

情不自禁地祷告，懂得至少抓住神的衣角——人们误以为他不信神。（1945 年）

391

即使在“自由意志论者”（Freidenker），即无神论者那里，信仰的位子上也不简单就是空着的，在信奉者看来上帝存在于这样的位子上。人们可以有理由说：由自然而生的宗教之魂（anima naturaliter religiosa），对我们的文化圈而言，我们甚至可以追溯至这句话（德尔图良的原话）的最初形式：由自然而生的基督之魂（anima naturaliter christiana）。（1945 年）

392

宗教的渴求只有在上帝那里才能得到安宁——这就是为什么：上帝的名字，一旦被情不自禁地挂在嘴边时会有那么大的强逼力！但只有在实在的宗教中，虔诚才会获得社会教化的、历史流传的形态：西方人，无论他愿意与否，都是“由自然而生的基督之魂”（von Natur Christ）。（1949 年）

393

幸运自身过于带有表象的价值，以至于不思唤起对本原的形而上价值的追问；不幸表面上初看起来是矛盾的，却因此直接激活出有力地深掘潜藏在所有的人类身上的宗教情愫。（1917 年）

394

人对天意及其命运的态度是：害怕、祈祷、镇定、恭顺和感恩。（1945 年）

395

祈祷不是指祈求。祈祷的本质纯然地表现在耶稣的客西马尼园[1]默祷中：问题不在于祈求什么，而在于决定践行神意。这样的默祷总是伴随着其践行过程本身。（1945 年）

396

谁曾见过母亲的手，正是它牢固而温存地托起婴儿那小小的、但还有些太沉重的头，与那些小气概、小聪明相比，这是多么伟大而又多么广博的扶助——当人们说起上帝之手时，他们也同样懂得有福意味着什么。（1919 年）

397

在我们每一个人这里，现世笃信暂时只是一种依托现世的来世笃信；人们热爱现世，有点像是人不能爱他的故乡，不是他要背弃故乡，而仅仅是他在异地经年累月地追求幸福徒劳无功时又重新找回了故乡。（1920 年）

---

1 客西马尼园（Gethsemane）位于耶路撒冷橄榄山附近，为耶稣拘捕之地。——译者注

398

未受煎熬的、轻松愉悦的、田园诗般的笃信是上天的一种美好的恩赐，但那些在罪过和不幸中以高昂的代价换来的、经过斗争的虔信则更是如此。只有在深刻遭受的罪孽感中才能形成深有体会的拯救渴求；只有遭受命运的打击，陷入绝望的边缘时，才会真正顺从上帝的意志。（1945 年）

399

宗教与伦理的关系可能具有两重性：宗教一方面可以作为伦理规范的源泉，作为其实现的推动力。这一伦理观面对的另一方面是：宗教由于伦理规范未实现而产生，由于人有罪孽而产生，它引领罪者通过悔过获得神的恩赏和拯救。（1945 年）

400

基督教伦理本身要求人不要去做超人之事（das Uebermenschliche），而仅仅去做属人之事（das Menschliche），当它要求人爱其邻人如同爱其自己时，它已默认以某种最低限度的保证自保的标准为前提，也就是以符合该目的之要求的正当措施为前提。只有当自保的动机得到至少部分的满足时，爱邻人的动力才能完全地进入人的意识里。（1932 年）

401

每一个有良心的人，只有当他意识到他比别人过得好得多的时候，在他身上，才会激起良心的轻柔之声；自然，这种自我暗示也与基督教之博爱伦理的基本原则一致，即爱邻人如同爱自己，爱自己不过就是爱邻人。（1945 年）

402

法律精神与宗教精神之间的紧张关系，事实上不是以法律的强制力和法律形式主义来证立的，而是通过法律思考的基本性质，即通过它的“外在性”来证立的，唯有如此它才能够获求具有代表性的内涵。（1932 年）

403

皈依，首先表明了被上帝遴选者，尤其是受恩者的纯心，其次表明了教义和伦理上的绝对纯粹性崇拜，最后显示了对一种敷衍了事态度的绝对不宽容，这种敷衍了事态度把信仰当作一种自发的、理所当然的占有。（1928 年）

404

迷信是无信仰之子。（1949 年）

405

“直面上帝”只在个人和他的灵魂上才发生。在可怕的孤独中，每个人就自己的亏欠与上帝之间眼对眼地进行最后的对话。基督教是根本的个人主义。（1927 年）

十六、生与死

其生命多有价值者，几不畏死。

——康德

406

尽管在其生命中也曾经历过怀疑及绝望，一个伟人的生与死，事后看来仍然表现出是一个圆满的整体，自身充满着意义；因为人及其生命是一个“神的计划（考量）”：这就是最终的根由——我们从容地称之为一个宗教性的根由，为此我们要去描述伟人的生平，我们要去阅读这样的生平记述。（1934 年）

407

很少有这样的时刻，它让一个新的生命开端摆脱永恒的生殖链条，让生命突然在（上帝）赐福或惩罚时达到意外高度的飞行轨道。（1934 年）

408

和解的终了和庄严的结局——这种戏剧化的结尾在实际的生活中通常是一些骗局，它至多表明现实一切都完全无所谓，而绝不表明现实一切均已变好。（1916 年）

409

我们现在好像生活在一个自转的球上，它不时变换些老的乐曲，又总是演奏些新的乐曲，像一架音乐时钟。（1916 年）

410

不是我们的原则塑造了生活，而是生活自己在跟我们的原则一同

游戏。（1919 年）

411

生命和人不是由具体的行动拼成的，这就像大海也很少是由具体的波浪构成的一样，他们都是整体，是与具体的行动紧密相连而又不可分割的运动整体。（1928 年）

412

假如现在我们实际上只能以纯粹可计算性来解决生活问题的话——那么过这样的生活，难道还是有价值的吗？偶然性、不可计算和无以评价、惊奇和悲伤、音乐慢板（Ritardando）的甜美柔畅和渐快节奏（Accelerando）的迷人顿挫，如此等等，简直就构成了诱人魂魄的音乐，职是之故，我们才热爱生命："偶然——这是世界最古老的贵族"。（尼采）假如我们不再期望有所谓"惊奇者"，那生命（生活）会是什么样子呢？人，只要他还没有完全沉沦于日常的事务，将总会优先选择不确定性的快乐，而不是"快乐"的确定性。（1929 年）

413

我们必须反复学会为全知全虑划定界限，学会在确定的范围内自由地主宰命运，学会拯救一切只能由目的理性论（Zweckrationalismus）决定、一切只能听天由命的颓废感情。（1949 年）

414

命运不仅掠取我们的生活财富，而且还合伙掠取我们生命的构成部分，即我们的肉体官能，而通过这些官能我们平素将会感知这种失落的不可救治的痛楚。生，是一种慢慢地死，由此一切为我们而逝，一切在我们之中而逝。（1945 年）

415

生命，当被人经历时，则服从真、善、美的规律；只有被人经历过的生命才配有“个性”和“民族性”这样的评价。（1927 年）

416

死掠袭人类，但也因此才为我们显示其真实的形象。唯有孤独的生命才获取各种表现形式，唯有完善的人才被塑造成型。死同时是羽化——是隐秘的本质之核与生命感觉的澄明。（1945 年）

417

只有逝者才熄灭火焰。而不逝者存留人间。（1927 年）

418

在死临近生时，人类才迫使自己从哲学或宗教上追问终极问题，探究死，探究生，探究上帝和自身。（1945 年）

419

死不是对充满意义的精神构体（Geistgebilde）之毫无意义的毁灭，它蕴含于生的意义之中，就好像它本身只有在赋予了生以意义之后，才会又从生中回获自身的意义。（1934年）

420

对得永生的人而言，有关亏欠之债，其最终而严肃的谈话，不是你在国家和民族之间进行的，而是上帝与你四眼相对时完全单独进行的。最终存在的只有上帝和灵魂。（1916年）

苏格拉底之死

［法］雅克－路易·大卫（1748—1825年），纽约大都会美术馆。

十七、文化

衡量文化的标准，不仅是一个有关文化有什么功用的问题，而且是一个有关人在其中如何形成的问题。

——罗曼诺·古雅迪尼[1]

1　罗曼诺·古雅迪尼（Romano Guardini，1885—1968年），意大利神学家、宗教学家。生于意大利北部著名的城市维罗纳，在德国接受高等教育，并定居在德国。著有“Lo spirito della liturgia”等作品。——译者注

421

政治与民族相互离间，而文化与民族则相互融为一体。（1946年）

422

那似乎成就了我们无限渴望的哥特式穹顶，那似乎怎么也揭示不尽工匠沉迷工作之完全忘我乐趣的波斯地毯，那似乎带着喷泉般话语、若时钟发条的苏格拉底，那似乎融入我们时代强音的歌德，如此等等，都是难以企及的想象。（1917年）

423

文化是维系着整个民族的一种精神，只有通过拥有共同的文化，某个人类种群才会形成一个民族。（1921年）

424

文化的进步不是抛弃，而是丰富被继受下来的文化。（1925年）

425

没有民族共同体，就没有文化，因为文化不过就是一个民族结为一体的精神；没有文化也就没有民族共同体，因为一个人类种群，只有它在自己的文化中认同其共同体时，才会形成一个民族，一个国家。（1927年）

426

首先不应忘记的是，理智的文化必须总是体现为个人的文化；个人只能自觉地学习文化，就像吃、喝一样。（1927 年）

427

为了有多声部的文化，必须让每一个民族的声音得以表达。故此，每个民族文化必须包裹有民族力量的坚硬外壳，这种力量不是将自己的文化强加给外族，而是面临外族力量威胁时有能力保护自己的文化。（1927 年）

428

社会共同体创造的目标，不是个别零星的作品，不是在图书馆蒙尘的书籍，不是安卧在废墟下的画廊，而是文化，即由部分联结而成的整体，是把所有的文化作品凝聚在一起的活的统一体。（1932 年）

429

最高的文化价值不是以军事实力的数字，也根本不是以数量规定性来显示的。（1932 年）

430

文化不是可比的量，而是无法可比的质。（1932 年）

431

的确，文化在其成就上是属于民族的，这一成就的价值只有展现出每个民族的独特文化才能时方得到人们的赞赏，而且只有带着民族特性的标志，其文化对另一个民族的吸引力才得以强化。（1949 年）

432

如果说诗歌艺术的特征是将普遍的意蕴“象征性地”赋予特殊，那么演讲艺术的本质则是将特殊的现实性和实效性赋予普遍。（1914 年）

433

诗歌不是在那里供品评的东西，而是那种撼动人心、激动人心、振奋人心、鼓舞人心的东西。（1946 年）

434

创作艺术是识别大地之幸福的极度充溢。因此它理应得到高度的奖赏。（1947 年）

十八、耐性与无耐性

把扛着的担子减轻些，人就会忍受负担。

——弗里德里希·洛高[1]

1　弗里德里希·洛高（Friedrich Logau，1604—1655 年），17 世纪德国讽刺短诗诗人，著《德国格言诗 3000 首》等作品。——译者注

435

四大基本道德[1]之一是节制——我们也可以说：耐性。而无论怎样，无耐性（性急）应算作基本恶德（die Kardinallastern）。从根本上讲，它是一种深重的罪孽。

436

性急者生活在期待中，生活在恐惧和希冀中。他生活在急于兑现的未来，而离弃现实的当下。他与其生活擦肩而过。

437

性急者生活在急于兑现的未来。他生活在与当下的现实根本不符的未来图景之中。他是永远的失意者。

438

俗语曰：

性急者腿打脚后跟。

性急者拿汤勺，泼洒一半。

性急者填不饱饿肚皮。

---

1 四大基本道德（Kardinaltugenden）是由古希腊哲学家苏格拉底、柏拉图、斯多葛学派提出的，内容包括勇敢、正义、节制和智慧或敬神。——译者注

439

性急者忍受不了矛盾。在性急者看来，与他人讨论琢磨太不堪忍受，甚至对本人的意见反复思量也同样不能忍受。对他而言，优柔寡断是最不堪忍受的情形。他总是迅疾决断，朝令夕改。

440

性急者缺乏时间观念。他从没有时间，有的总是零（空）时间（leere Zeit）。他由于害怕时间而浪费时间。

441

性急者每时每刻心想事成，每时每刻想逮住目标——故而总是一味地寻求。他根本不喜欢劳苦和跋涉，因为他太看重成果和目标——然而他却未必喜欢已完成的成果和既达的目标，因为他已在期待中兑现和享尽了这些东西。

442

性急者不能等待事物缓慢的生长。他总是爱反复地刨出地里的种子，察看它是否已经萌胚和发芽，根除其生长过程——摧毁他人和其本人身上的任何无拘无束的情感（内心）生活。

443

性急者常越过认知，就急于做价值判断。他简直难以平心静气对事实做从容地检验，因为他太急于去做评判。他等不得听完他人明白的陈述（报告）就立刻作出自己内心主观的评断。

444

无耐性者喜新——但草率，不仅认识上草率，而且在评断和行动上也草率，对事物的自然过程缺乏信任——无信仰。

445

无耐性是人类本性中积极活跃与静心养性两面之间平衡的紊乱，是过剩的活跃——因此简直就不是坚固而健康的活跃。

446

无耐性者不能够忍受任何一种现状的瞬间，厌恶旧有，急于到达终局。但只存在一种终局——那就是死亡。故此无耐性者就是急于奔死——这根本上就是一种慢性自杀，一种缓慢的杀生。

447

而耐性则赢得了历史的耐久价值，它把持住了飞逝而过的瞬间，它战胜了时间，因为它不担心时间流逝，它在路途中的每一步都同时在靠近目标，它在劳作中已经分享到应得的成果。它是一种平衡、信仰和信任。它创造了波斯地毯和哥特式穹顶。它是温柔的文化之母。

448

文化是有耐性的，技术是无耐性的。无耐性就是这个时代的印痕和标记。

十九、伦理和习俗、权力和自由

人必须为善，必须期待那最后者。

——康德

449

关于伦理价值，它只能决定人自己的良心，而不能决定法律制度。（1947 年）

450

不要相信任何人将会成功地防止参与作恶。人们屡屡做这个试验，但又屡屡失败，而且常常变成了一个卑劣的迁就自我的纯粹借口。（1948 年）

451

不要相信任何人会不在乎趋向于更高目标和更高价值的良知的声音。良知伦理讲得很清楚。而所谓“责任伦理”则产生那种“好塞住各人的口，叫普世的人都伏在神审判之下”（《新约全书·罗马书》第 3 章第 19 节）的诡辩，直至最后动摇良心，甚至使良心保持沉默。（1948 年）

452

众所周知，虚伪是向善德敬献的恶之贡品，尽管还不是完全没有价值的贡品：因为它就像是一种魂灵，谁一旦把它召唤来，就不可能随随便便再把它送回去。（1929 年）

453

伪善的道德，假如说应该有一种意义的话，那就是在一个民族中

以某个真正的道德要求和道德约束的更强标准为前提；虚伪的程度是对一个民族的道德力量的最好测量尺度。（1946年）

454

与习俗的自抑性相对而在的，只有威廉·布施[1]的安慰：“一旦名誉被毁了，活着也就彻底无拘无束了。”（1914年）

455

走在心旷神怡的原野，纵然法和习俗，纵然一个接一个的卑鄙无耻也扰动不了你的心绪；也许你沾上了社会可以原谅的违规、犯法的可爱记录——你至少还要带着这记录继续在这世上生活；但对于肥硕、愚蠢、虚饰的女王，你且不要拒绝行吻手之礼——否则你就不可救药了。（1914年）

456

只有尊重习俗（礼节）的人，才是绅士；如果仅仅表面上“做做样子”，不过是暴发户。（1932年）

457

不管哪个时代，哪个民族，要是其习俗和伦理还保持统一，该有

1 威廉·布施（Wilhelm Busch，1832—1908年），德国19世纪以讽刺诗画著称的画家和诗人，著有《吹牛大王汉斯》《虔诚的海伦》等作品。——译者注

多好啊！（1932年）

458

权力（die Macht）不在强力（die Gewalt）上找到其界限。权力是精神：一切权力最终都是有关灵魂（精神）的权力。（1932年）

459

有一种权力，比任何一种统治者的权力更强：民族道德。（1947年）

460

自由和不自由一样都是否定，既是对因果性的否定，又是对无因性的否定。（1914年）

461

要精确地描述自由经验是不可能的，我们可以换另一种说法来表达：主体经验，即我之经验。因为主体不过就是包含在意志经验中的自由经验，一系列的主体经验根据统一的基础就构成了我（die Ichheit）。（1914年）

462

自由本身没有余地来就行动和义务进行反思，而只有余地来做出行为并像刀割和受刑似的对良心作出反应——只是在伦理反应的世界，而不是在伦理反思的世界。（1914年）

463

即使最自由的意愿，事后历史地看，仍然显示出像一个不自由的必然（Muessen）那样不可避免，如同想最大胆地克服重力，虽然是飞行员最值得骄傲的胜利，但在这个世界上他仍然被重力所困，逃不脱重力之外。（1919年）

464

意志，假如还能够被不可辩驳地看作不自由的，那么它也总还被感觉是自由的。（1932年）

法庭上的芙丽涅

［法］让－莱克·杰罗姆（1824—1904年）

二十、求知与问学

知好，还是做好——其间有很大的区别。

——歌德

465

通向智慧的唯一门径穿过激情。（1919年）

466

我们寻求的不是纯粹的知识，而是智慧，故生存论的思想主题比一切匀称的体系和抽象的哲学命题更具有无尽的用途。（1945年）

467

人们常说：“一个人从他人那里知道些什么？”不过他到底从其自身又知道些什么呢？（1906年）

468

一切可说之物，不是那种像是能够自持的自由无拘的空洞之物。（1914年）

469

理解（理智）使沉重变得轻松；使晦暗不明的沉闷生活消融于清爽明朗之间；使生活轻快适意。（1919年）

470

我们仰慕圣贤，我们赞赏敏思，我们敬畏机灵甚于对它的尊敬——但我们喜欢聪明（Gescheit）。（1916年）

471

聪明是充满快乐的自我满足，是足够适惬的心情。聪明给家庭带来快乐，就像蜡烛给寒冷的昏暗带来光明。它为物体承受重量、为生活减轻负担。（1916 年）

472

圣贤者给予物体实际的重量，敏思者经常给物体加上多于其应受的重量，机灵者则给物体权以其自私的虚假重量——在如此之多的权重者（Gewichtigen）中难道不应该为这样一类人留有位子，他们对待重物就像玩羽毛球一样地轻松？难道不应该让哲学家、学者和各种各样生活的老手为这个世界也准备微笑着闲谈些上帝创世之事？（1916 年）

473

这么多的声音，这么多的话语，彼此几乎难以理解；太多的机灵，很少有闪光点的奇智或让人震撼、令人愉悦的洞见；最罕见的，是那种对古典纯朴的镜式映照，它证明自我的朴实无华。（1932 年）

474

不知者身陷于幽暗的孤寂，因为不知意味着分隔。而唯有可说者，可告述者，可知者才相联系。（1919 年）

475

半吊子教育，不是指部分的教育，而是指一鳞半爪的教育。一知半解者在某个偶然的领域积累了相当多的知识，但他并不去弄懂该知识的界限及整体联系，不去了解其在某个世界图景中的地位，不把它们作为当然地带有它们个性之血肉的东西来接受。一知半解者的知识是在他的灵魂上安置了一个异体，它塞插在他身上，就像一团异物哽塞在喉。（1919 年）

476

生命，正是连同意识一起开始的。而凡属我们本身意识的，不过也是我们有关世界的知识，两者不可分割。因为世界根本不是外在于我们的，它存在于我们之内，它就是我们的映现。（1927 年）

477

在人身上根本不存在那种生命与认识之间想象的对立。认识本身就是生命的一部分。（1927 年）

478

谁不想了解世界，他对自身的绝大部分也就懵懂无知。（1927 年）

479

知是兄弟之谊，知是乐。（1919 年）

480

现在需要通过明快的思维运动，把一切未知的、一切未意识到的东西转化为真正意识的东西，转化为纯粹愉悦的、灵慧而细柔的灵魂之体。有一个极美的德文单词：“空灵”（aufgeraeumt）。我们称某一清朗之人为空灵之人，因为我们知道，凡物都令他清朗：秩序、知识、思维均在他的灵魂之中构成。（1919 年）

481

彻底的清晰达畅同时就是美。（1937 年）

482

知识不仅仅是力量（权力），而且也是乐趣，只有在把知识作为自主拥有其规定性的世界被感受时，它才会变成文化价值。（1927 年）

483

假如这个世界根本没有理性，那么我们就不能把持住我们自己，所以我们需要不断地重新提醒：要懂得明智（Sapere aude）！（1929 年）

484

认识不是由观念决定的，反而正好是遭受其害的。（1926 年）

485

在两重意义上，任何知识可以被上升为重视的对象：要么作为行动，要么作为行动的结果。“真实”和“不真实”的矛盾代表着后者的考察方式，“聪明”和“愚蠢”的矛盾代表着前者的考察方式。（1949 年）

486

平庸也可能正确，聪明也可能错误。（1949 年）

487

精神贵族根本不了解什么暴发户的概念，他们是真正的“天生贵族”；当人们想想这句话“权利，同我们一起诞生”，想想天才的权利或天赋的权利，而不是想到纯粹世袭的权利，就会明白这一点。（1914 年）

488

我们的精神，喜欢包裹在感性的外衣之内，以便像穿戴整齐的美人欣赏自己的镜像，有一些异样地打量自己；一旦它（精神）绕道进入整个世界使自身回复触摸到无感情的现实时，它就变成了诊断感觉的符号。（1915 年）

489

我们的每句话除了被我们意识到的内容之外，还有更为广泛的含义。说出的话不再仅仅属于我们自己的意识，它已经走进客观精神的世界，在此具有独立的生命，与其他人的思想融合或碰撞，而他人的思想是说话者所不可能知晓的。(1941年)

490

一个精神作品沿着自己的逻辑指点迷津，而它的作者却根本没有察觉到，这是多么伟大的精神奇迹！(1944年)

491

我们的决断大多数比其动机产生得早，而且也很少根据动机来彻底地、不矛盾地加以更改的。(1914年)

492

情感只属于每一个人自身，然而人连同其活动均属于世界，人连同其意识也附属于世界。(1927年)

493

世界不是由理性来除尽的，价值的世界也从来不是。(1943年)

494

答案的时髦常常只是答案正确性的一个非常骗人的标志。(1947年)

495

问学肯定不是绝对完美的真理，而不过是从事真理的工作，尽管这种工作有可能成功也有可能一无所获。(1919年)

496

从某个理论家那里，人还不能预测出他将会停泊在哪一个精神之岸。一种理念，就其本质而言，总是愿意听从某种更完善的或主观上认为是更完善的确信之说的。(1928年)

497

待克服的难题绝不会降临到某些人的头上，因为他们事先从不对自己的难题通盘掂量，直至逼入绝境。(1916年)

498

你可能经历过这样的时刻：当你以新眼光去打量早已熟悉、最无意义的东西时，一些看起来令人忧郁、使人腻烦的东西，突然令你眼睛一亮，有完全异样的感觉，脸上挂着动人的一笑，一股喜悦的隐秘之情浮现在还紧绷着的唇边。这是令诗人和哲学家们感动的惊奇一幕，这是百无禁忌的孩童的眼界，它使这个老化的世界骤然变得年轻。(1916年)

499

我们在科学上的兴趣经常需要科学外的杠杆的支持，通过它使科学之轮得以转动。（1940 年）

500

绝没有任何能发芽的认识的种子，想深深地播种在空想的荆棘丛中，以致最终使学问泯灭。（1938 年）

501

标签压倒了信条，也压倒了理论观点；一百面旗帜以告诫的口气讲话，压过了一百个演讲。（1924 年）

502

如果人们笨拙而生硬地把糟糕的理论塞在相应糟糕的实践上时，那在世界上就再找不到比这更不可原谅的事情了。（1924 年）

503

在教授论战之前和论战过程中经常有这样的情况：人们认为号角自己响起来了，但不知道它是被谁吹响的——没有什么比专业外的教授更容易轻信的了。（1926 年）

504

无哲学头脑的哲学和历史是哲学的一种堕落，是对遭际生存震撼的人们的一种无用的折磨。（1948 年）

505

不证自明的哲学总是甘居于那种与众不同的哲学之后。（1929 年）

二十一、短句

所谓圣贤者，就是按照事物实在的模样来品味所有事物的人。

——克莱尔沃的圣伯纳德[1]

1　克莱尔沃的圣伯纳德（Bernard of Clairvaux，1090—1153 年），早期基督教锡托教团（Zisterzienser）的最重要的改革者之一，1115 年在现法国的东北部的克莱尔沃村庄创建隐修院。——译者注

506

要人经过，从不采取军事—国家行动的形式，而总是完全悄无声息的、隐然随意的。（1915 年）

507

在这个时代，像在任何时代一样，那种发生在具体的人身上的不起眼的小事，是否比一切表面上大张旗鼓的事更重要呢？（1916 年）

508

相信能够根据理念被应用情况的统计来检测其重要程度，这一点对我们今天的价值体系而言，是再鲜明不过的了。（1910 年）

509

粗野的标语比脱缰之马更可怕，它危及骑手，危及观众，危及街面上的橱窗以及橱窗里易碎的瓷器。（1946 年）

510

并不是任何自由主义的思想都是所谓“自由主义”的。并不是任何有民族感情的人都是“民族主义者”。并不是一切尚武精神都是军国主义的。军国主义之为军国主义，只是因为它错置了其应有的位子，因为它以此作恶——它滥用了尚武精神。（1946 年）

511

实事求是——我们也许只知道：凡为善事的，即实事求是。（1927年）

512

人不仅有尊严，其尊严还有物益（Sache）。人不仅用该物益，该物益本身对人也有所要求，要求人在利用和享用其尊严价值时要相应地爱惜与呵护该价值，一句话：要有爱。（1932年）

513

若人不追求物益，而仅追求在其自身纯粹表现个性或民族性，那么他就将错失物益，也肯定得不到个性或民族性。（1932年）

514

我们所知的至高无上的东西，即个性、民族性和文化，既不是造出来的，也不是抢夺来的，它自我成长，它是馈赠和赏赐。（1925年）

515

只有当我们完全主动地与大自然融为一体时，只有当我们对自然的美景不是只像一个置身事外的散步者，或仅仅透过窗户来观察时，我们才会尽情地欣赏自然。（1916年）

516

一个懒洋洋的散步者从不会像猎人那样熟悉自然，猎人不仅要观察自然，而且必须有意识地去适应自然。（1945 年）

517

对那些置身时代之外的人而言，他还有一种可能，即置身于所有的时代之外，而仅为超时间的东西、古典的东西服务。（1915 年）

518

历史的终结点的到来，也恰好是“历史性思考”（geschichtliches Denken）的高潮的到来。（1919 年）

519

只要荷马的太阳还发光，其他任何时代的太阳也都还发光。（1929 年）

520

人们摆脱不了这样的担心和印象：所有的民族作为整体都没有能力做到以史为鉴；形势比人强。（1949 年）

521

人们做不好的一件事是，把自己绑在一棵树上，然后必须说：我只好待在这儿，我没有别的办法！（1949 年）

522

英国的制度我们只能赞叹而不能模仿——但我们可以从中学习。（1945 年）

523

随着各种新闻把刚刚过去的事件置于另一个观察角度之下，我们必定共同经历过一个时间的片段，我们自己想知道，这些新闻到底对人是怎样发生作用的。（1917 年）

524

怯场没有什么大碍，事前怯场甚至是必然的，在演讲的过程中，怯场的心态是会改变的。（1920 年）

525

人们在写信时应该考虑到，写信者当下的心情是什么样的，收信人的心情又是什么样的——他是否把悲伤的心情作了心理上的调整——离最近一封信的间隔时间显得如何，信是否写得像是为一整天布道的经文那样令人想起来就难受。（1916 年）

526

我把新闻记者看作精力最旺盛的人，因为他强迫自己对每一印象的体验，均达到最高度的意识状态，使形成的话语达到清晰通畅。他的任务就是把写信当作一门艺术，当作一项职业；如果说抒情诗是意象的造型，那么新闻记者就是描述时代事件的抒情诗人。（1915 年）

527

假如有人被强迫去从事一项职业，那对他而言可能只是手艺，而实际上他本来应该主动去选择一门手艺：因为任何一种从事思想的职业，一经滥用，其造成的损害是相当可怕的。（1907 年）

528

选错了职业是莫大的罪过，这种罪过既根本上违背了上帝的精神——也由于使自己枯萎、畸形、扭曲而违背了本己的精神。（1929 年）

二十二、法律职业人[1]与法律学术[2]

我尽力使自己倾心法律，强制悖逆我的心愿……

——乌兰德[3]

1 Jurist，今有多种汉译，如“法律家”（或“法学家”），“法律人”。此处译作“法律职业人”，较少处译为“法律家”。——译者注

2 德文 Juristerei 是对法律职业或法律学术的戏称。这里译为“法律学术”，偶尔根据上下文需要译作“法术”。——译者注

3 乌兰德（Johann Ludwig Uhland，1787—1862 年），德国 19 世纪浪漫主义诗人，著有《祖国诗集》。——译者注

529

法律职业的要求之一是，必须每时每刻同时对该职业的高贵及其深刻的问题性有所认识。（1947 年）

530

对我们这些法律职业人而言，最难做到的事情是：既要对我们的职业有所信仰，但又同时在我们本质的无论哪一个极深的层次上不断地对此加以审问。（1929 年）

531

严肃的法律职业人不仅喜欢那些嘲讽者，其在法典的页边画上各式各样的讽刺性问号和惊叹号，而且喜欢诗人中的那些冥思苦想者，他们带着人性的疑问去触摸正义的基础，如托尔斯泰、陀思妥耶夫斯基——或者那些伟大的司法讽刺漫画家，他们既是嘲讽者，又是冥思苦想者：如杜米埃（Daumier[1]）。（1929 年）

532

法律科学和法律价值的伟大怀疑者们：如托尔斯泰、杜米埃、阿纳

1 杜米埃（Honore Daumier，1808—1879 年），法国 19 世纪著名画家。其画题材涉及法律生活，如《三个律师谈话》《共和国》《立法肚子》《出版自由》等。——译者注

托尔·法朗士[1]，还有基尔希曼（Kirchmann[2]），对于那些正在成长的法律职业人来讲都是进行自省之弥足珍贵的警示者。因为只有那些具有内疚之心的法律职业人，才能成为好的法律职业人。（1949 年）

533

没有任何一个年轻的法律职业人逃脱得了内心与其学问之间的冲突，他们中间有些人直接经历过憎恨其职业的阶段，这本不是什么最坏的事情。（1929 年）

534

法律职业人可能遇有这样的事：他终有一天会自己意识到，必须为七种贫乏的基本颜色奉献出世界的丰富的色彩变幻。（1929 年）

535

当然，某些法律职业人在其学习期间，也许终其一生都还不一定知道：法不仅是生活之需，而且也是一种精神；法律学术，不仅是一门手艺，而且也是一种陶冶价值；不能说这是对立的：严肃者，法术，轻

1　阿纳托尔·法朗士（Anatole France，1844—1924 年），原名阿纳托尔 – 法朗索瓦·蒂波，法国作家。1921 年获诺贝尔文学奖。著有《苔丝》（1890 年）、《现代史话》（1896—1901 年）、《企鹅岛》（1908 年）等。——译者注

2　基尔希曼（Julius Hermann v. Kirchmann，1802—1884 年），德国法学家。曾任柏林检察官和 Ratibor 上诉法院副院长。1871—1876 年参加进步党，担任帝国国会议员。著有《法学作为科学的无价值性》（1847 年）和一些法哲学论文。——译者注

快者，艺术；也有些法律学术，它们本身也是轻快的艺术，是法学经典作家所写的法律节日（庆典）之书，人们读这些书不是为了工作，而是为了陶冶身心、愉悦性情。（1929 年）

536

只有已受陶冶（训练）的人才可能是一个真正有本领的法律职业人。（1929 年）

537

作为学者的法律职业人不能什么都想当然。（1907 年）

538

重视法学方法中的逻辑原理（因素）就把那些误入法门的法律职业人（die Zufallsjuristen）和天生的法律职业人（geborene Juristen）区别开来了。（1904 年）

539

法律职业人的工作是一种理智的工作，它通过概念的条分缕析来调整混乱模糊的人际关系。（1919 年）

540

有一种戏谑语是有点对的，说法律职业人无所不通，因为他实际上对那些还很陌生的话题（如控制意见争执方式的例行手续）的任何意见争执也都愿意参与讨论。（1924 年）

541

首先对法律职业人要提出这样的问题：在我们人类安身立命的这个星球之上，到底是应由偶然性统治着，还是应由理性统治着。（1932 年）

542

法律家阶层必须感到自己作为庞大的人权联盟超越于一切党派，必须具有一致的愤怒感，去反对不管由谁或针对谁的任何违法，反对一切总想去违法的人；这不是为了受害人，而是为了受害的法本身，整个法律家阶层正是在法上安身立命的。（1919 年）

543

只有在法律共同体之固定成员不是以其特殊利益为根据，而是以法律秩序为基础来实践法律观念时，某个法律秩序才可能存在。（1947 年）

544

假如在民族中根本就没有一个核心力量听候召用，他们熟悉法律并为了法律而负起责任：假如没有法律家阶层，任何法律秩序都不可能生存。（1947 年）

545

法律家的职业是男人的职业，那些在养成过程中的青年人，对这种职业总是怀有隔膜和抵触；他们越想成为男子汉，越少有很深沉而热烈的衷爱的事业；他们在年轻时期越无病呻吟，则越可能成为抗叛和逆反的对象。（1934 年）

546

我们可以心平气和地说：妇女通常比男子更缺少冷静的客观性标准，而这种标准对法律的应用的确是必不可少的；但同时也应断然强调：妇女在更高程度上比男子拥有其他一些特性，而这种特性对法律的应用并非是完全没有益处的。（1922 年）

547

说“妇女”缺乏晋升法官职位所必要的客观性，这种陈词滥调是否应该驳斥呢？（1929 年）

548

对法官而言，所谓最好不过就是刚刚好。（1919 年）

549

具有纯正的法官品格是偶尔碰巧的事。（1929 年）

550

好的刑事法官终将诞生。善解人意的心肠和坚定引导的手势，都是他不可缺少的，也不可能是训练出来的。（1929 年）

551

未来的（刑事）法官在本质上不再是一位把法律当作准绳的执法者，而且是在划定的界限内像法官那样裁断的社会工作官员（Sozialbeamter）——社会病理诊断家和社会病治疗家——与其说是市民法官（Zivilrichter），毋宁说更像是行政管理人（Verwaltungsmann）。（1927 年）

552

法律必须使测锤（Lot）与人类—生活知识的公担[1]保持平衡，这不仅根本上适用于法官，而且绝对特别地适用于刑事法官。（1929 年）

553

只有天生应从事法官职业的人，才刻板地意识到：法官不是正义的奴仆，而只是法的安定性的侍者。（1914 年）

554

我们从来不谈所谓“谨守法律的法官”（rechtlichen Richtern），而应该是把那些不仅“睿智”而且绝对忠实法律的法官称为“公正的法官”（gerechten Richter）。（1914 年）

1 公担（Zentner），是在德、奥、瑞士等国适用的度量单位，其重为 50 公斤（德国）。——译者注

555

一个公正之人，不仅仅是一个谨守法律之人，也不仅仅是一个忠实法律之人；同理，我们不常说所谓“谨守法律的”法官，而只是谈“公正的法官”；因为，一位谨守法律的法官本来就应该是一位公正的法官。（1932年）

556

我们鄙视教士，因为他们可能布道公开背叛自己的信念；我们尊崇法官，因为他们不让自己由于法律感的冲突而在信守法律上动摇不定。（1914年）

557

自己内在的法律感要求为当局的法律命令而献身；自己总是仅仅发问：到底什么是合法的，而从不问：它是否也应当是公正的；在自己的职业中，自己很有可能去为不正义服务，即便自己并不是不可能去主动热爱正义：这就是法律职业人的任务，也是他们的悲哀。（1929年）

558

法官的品行应该是不惜一切代价，甚至包括牺牲生命，以正义为本。（1946年）

559

法律应使法官摆脱一切国家权力的影响，以使其尽可能地专门服从法治。（1929年）

560

当司法正义的所有评价都陷入主观性和争议性时，那我们在司法上最终还信赖什么！（1929 年）

561

只有当宪法法院的职业法官随同其职责一起成长时，其在法律之外作为政治家的职责才为大家所了解，并渐渐具有为大家公认的、被普遍信赖的法官品格（Richterpersoenlich-keiten）——只有如此，宪法法院的审判不仅将在表面上终止政治争端，而且使政治斗争获得真正令人满意的权威性。（1949 年）

562

法官独立，法官不可免职，法官不可贬废，法官职位的终身制，这些都与法官一职的本质是不可分的；所以我们不要针对暂时的弊端而引出最深层的怨愤，来触动这一制度。（1922 年）

563

法官的独立性不过就是把科学自由套用在实践法学上而已。（1937/1938 年）

564

法学只是透过法律上的一般概念的眼镜来观察每个个人的具体命

运，这就像透过厚厚的幔帐——透过正义女神的蒙眼布来观察，不过它只能使人看到影影绰绰的轮廓。（1914年）

565

一叶障目，只见树木不见森林，这属于法学的不可抛弃的本性。（1932年）

566

法律思维要求人们既着眼于具体的生活又反过来注意生活的抽象轮廓。（1932年）

567

假如说哲学不过是生活意义的揭示，是生活内涵的表达，那么法哲学尤其是对日常政治（Tagespolitik）的说明和意义阐释；相反，政党的争吵，假如人们愿意这样来说明的话，不过是颇有气势的法哲学论战。（1924年）

568

一方面，法哲学是政治政党的斗争在思想层面的变调；另一方面，政治政党的斗争本身同时也可以表现颇有气势的法哲学论战。一切伟大的政治转型都是由法哲学来推展或伴行的。开始是法哲学，结束是革命。（1932年）

569

绝不令人惊奇：任何时代都必须重新书写自己的法学。（1932 年）

570

当混乱的社会关系需要通过立法来迅速建立秩序时，就必须有讨论法律的目的和手段的一般理论（即法哲学和法政策学）可供利用。（1936 年）

571

法哲学作为理论理性的一个功能就是展现每个人实践理性评价的所有可能的对象（主题），以便供其良知而不是由其偏好来选择。（1914 年）

572

纯粹经验主义的一般法学是法哲学的安乐死。（1914 年）

573

与数学和拉丁语相比，法学更适合训练人的逻辑思维。（1924 年）

574

法学对人的智识愿意提供也许是最好的科学思维技巧的训练——任何人，当他从法学转向其他科学时，都会感激曾有过这种法学的润养。（1929 年）

575

一种纯粹似是而非的知识无论在哪个地方都不会比在法学上更可怕。（1920年）

576

有关法律方法的研究越来越多。就像人，如果终日为自省折磨，大多数情况下成为病人，而科学，如果总是抓住机会忙于研究自己的方法论，也常常是有病的科学；健康的人和健康的科学并不总是要太多地了解自身。（1929年）

577

解释是结果——解释的结果，只有在解释的结果被确定之后，解释的手段才得以选择；而所谓解释的手段，事实上只用于事后根据文本来证立：在文本的创造性补充中已经找到了什么。（1929年）

578

解释者对法律的理解可能比其创制者对它已作出的解释更好，法律可能比它的编纂者更明智——它甚至必定要比其编纂者明智。（1932年）

579

法律的风格就是对细枝末节的适当删减。（1948年）

580

正义和个性是不可分的，而凡属个性的东西却都尽力地排斥法学的本质。（1929 年）

581

凡应创制法律者，也必为法律所创制。（1929 年）

582

假如在法律职业人身上每时每刻不再充分思考其职业生涯，同时也不再迫切地思考其职业深刻的问题性，那么一个较好的法律职业人就将不再是一个较好的法律职业人了。（1932 年）

附录一：拉德布鲁赫文论三篇

法律上的人[1]

（1927 年）

我想谈谈法律上的人，这个题目不是要说法律如何评价人，也不是要说法律如何对人起作用或应当如何起作用；而是要谈法律如何想象（设想）人，如何打算对人起作用，法律采取什么方式对待人。我的题目不是关于现实中的人，而是关于人类形象（das Bild des Menschen），即呈现在法律上的、准备加以法律规定的人类形象。

这样一种形象在不同的法律发展时代是变化着的。有人可能甚至会说：人类呈现的形象的变化是法律史上的"划时代"的变化。对于一个法律时代的风格而言，重要的莫过于对人的看法，它决定着法律

1 该文系拉德布鲁赫在海德堡大学的教授就职演讲报告，初载《法和国家文丛》，图宾根 I.C.B. 摩尔（保罗·西贝克）出版社 1927 年出版。译文参照了由弗里茨·冯·希佩尔（Fritz von Hippel）编辑出版的拉德布鲁赫的文集的文本（拉德布鲁赫：《法律上的人》，哥廷根 Vandenhoeck & Ruprecht 出版社 1957 年 1 版）。在开始该文的翻译时（2000 年 12 月 25 日），得知我的邻人肖胜喜教授在几个小时前因病谢世。谨以此译文表示对其英年早逝的哀思罢。——译者谨识

的方向。

在那些现实存在着但又超越现实漫游的个人身上，在他们的任何怪诞情绪和胡思乱想处，在那我们称为人性的怪异植物的完整标本上，法律制度肯定不可能建立起来。通过经验具体的人不会通向法律制度之路，反而导致对法律制度的否定。有谁像麦克斯·施蒂纳[1]那样从“唯一者”出发，必定会像他一样以无政府主义而告终。相反，具有普遍性的法律规则只能根据人的普遍类型来制定——而且对不同的法律时代而言，多样态的不同的人类特性表现为典型的、本质性的，是法律规范化的重要出发点。

假如人们把注意力放在这一点上，即什么东西形成了主观权利，什么东西形成了法律义务，那么由人性确定的法律制度的看法就变得清楚可识了。有人可以从这样的角度出发：法律制度与其说关注权利的实现，不如说更注重义务的履行——耶林（Jhering）曾强烈地指出：当法定义务不再被履行，法定权利不再被遵守时，一个法律制度必然解体。法律制度针对相应行为所设定的意志，不仅表现在由其授予的权利上，而且也表现在由其课予的义务上。那么，何时在权利的形成中，何时在义务的形成中，法律制度才表达它的这种意志呢？当它认为通过整流人的动力而能够预期实现其意志时，它就将予以授权；当它认为根据其意愿而必须把反动力置于人的反动机时，它就将课予义

1　麦克斯·施蒂纳（Max Stirner，1806—1856 年），原名卡斯帕尔·施密特，19 世纪德国青年黑格尔分子、无政府主义思想家。1844 年 10 月出版《唯一者及其所有物》，马克思和恩格斯于 1845—1846 年合著《德意志意识形态》，对此作了系统的批判。——译者注

务。因此，依其所设定的权利和义务，它使人清晰地看出：在人身上，到底什么样的动力是属于规定性的，是实际起作用的。

从中世纪德意志法和人类形象，并以此为基础，我只想就外行陪审制度（Laienhaftigkeit）和监护穷人制度（Kontrollbeduerftigkeit）的保留谈谈个人的一些看法。这样的法律时代呈现在我面前，最有特色而又司空见惯的，是那些渗透着义务、承载着义务的权利，那些满足按照义务要求履行之期待的权利。这些权利应当是安全地起作用的，因此它们以习俗、以宗教为规定的前提，而该宗教是与义务，与人之血脉相系的礼俗社会（die Gemeinschaft）密切相连的。事实上，中世纪的经济制度连同其国家制度，均建立在这些人类观念之上。同业公会制度意味着是对信用之垄断权的保障，即尊重同业公会将是一个充分的动力去从事一份体面的工作——这种信用实际上经历了数百年时间的考验。采邑制度的本意是指：根据效忠领主的精神，以几乎非控制、非强制的履行条件来赠与最广泛的权利——而这个前提条件最终是要否定郡主从领主那里肢解领地，否定最终由于经常不适当地形成法律上的人类（形象）设计而趋于解体。

文艺复兴、宗教改革、罗马法继受[1]使单个的人脱离了礼俗社会。它们使人脱离社会，不再把义务，而是把引诱单个人的利益作为法（权利）的出发点。这样一种法律上的人的新类型是按照商人的形象来塑造的，它是一种完全的逐利的、精于算计的形象（所谓“有交易，

1 西文 Renaissance（文艺复兴）、Reformation（宗教改革）、Rezeption（罗马法继受），简称“三R运动”。——译者注

则没有和气”)。商人的需求是罗马法继受的最本质的动因，因此法律的转型也是以这种新的人的形象类型为基础的，我们可能稍微夸张点说：自此，法律把所有的人都当作商人看待，甚至把劳工视为“苦力”这种商品的出卖者。

作为人格化的唯我主义来理解的人，其法律时代又划分为两个时段：警察国家（时期）和启蒙（时期）。警察国家（当时）还不信任法律同伴[1]有成熟的理智，它所关心的，是要预防这些法律同伴自己犯错误，是不让他们的内心狂喜。（按照1766年巴登邦的一项王室通告所宣谕的）它是其臣民的当然监护人，它将训导臣民抑制他们的意志，训导他们应当如何安排自己的家政。要在同样的方面论证何为正当的唯我主义，就要用更多的笔墨不仅对权利而且对义务加以证立。凡不禁止的——即属要限界的，而不是绝对允许的。一个人，在法律制度上是作为它的接受者（Adressat）而映现的，这里法律制度甚至是足够唯我独尊的，对人的利益进行独断的引导，但它还不够明理来认识这一利益本身。

只有到了启蒙运动和自然法（时代）才使法律制度指向这样一种人的类型，而且罗马法正是以此作为出发点的：这是一种不仅非常自私自利，而且又非常精明的个人；是不断追逐自己的正当个人利益的人；是摆脱一切社会联系而只经受法律联系的人，因为只有法律才与正当的个人利益本身息息相关。在这里同时存在着的是

---

1 Rechtsgenossen，系德国法上的一个特定概念，至今尚无合适的中译，故以“法律同伴”直译之。——译者注

一种永恒的方法论观点和一种暂时的、由历史制约的观点。也就是说，事实上，每个立法者必定是这样在塑造他们的法律，即把人设想为好像是自私自利的：以至于他毫无情感地追逐自己的利益；在人身上好像是不设定法律限制的，他是如此精明，以至于他很快会辨识这一限制的任何漏洞。立法者的法律（根据康德所言）即使对一个魔鬼的民族也必须是适宜的，只要他们还有理智——在相同的意义上，马基雅维利（Machiavelli）曾经说过："假如不把人预设为恶人，任何人都不可能为一个共和国制定宪法或法律。"一个古老的法谚亦曰："恶俗使法律良善。"故此，任何一部法律必须假定很自私自利、很精明的人这样的虚构，并对此加以验证。对这个法律时代而言，人的类型不过是一个虚构，即不过是一个经验的平均类型：古典国民经济学和同时代的自然法学均持相同的看法，认为大多数人实际上是符合"经济人"（homo oeconomicus）的形象标准的。狡猾、机灵的时代本不会明白：人类的大多数并不是自私自利、老谋深算和机警灵活的，而是肠柔心软、愚拙憨脑和慵懒随意的。

只有对此一人之（形象）观念之现实性持有这样天真的信任，才会使这个时代能够把符合逻辑的全部法律制度（我们必然感到钦佩）定向于新的人之（形象）类型。在这里，中世纪父权制的法律型塑之残余消失殆尽：所有的法律权利，它们以前在根据义务履行这个虚构的前提条件下被授予，现在则干脆被化解成了特定的权利和特定的义务。而且被课以义务者之独特的、尚未认识到的利益，其所应承担的警察国家责任也被根除了。在同样的方面，自私自利实际存在的地方，义务不再被额外地课予，而仅仅是对权利的保障：利益不得挪动（beneficia non obtruduntur）；即使没有意志，也已拥有利益；凡属人之意志的，是他的天国。在这里，精明和机灵之人是预设的前提，他们能够发现利益并获得其实现的手段，包括法律上的手段：不知法者不利，法律为聪明人而立（ignorantia juris nocet，jus vigilantibus scriptum）——可法律根本就没有顾及那些慵懒怠惰之人！一切可能妨碍追逐正当利益的关系，一切在法律之外形成的关系，一切社会的、经济的关系被忽视了，而法律可能性与事实可能性被等量齐观，如把形式法上的契约自由看作事实上的契约自由。凡全部被视为自私自利之人的、老谋深算之人的、机警灵活之人的和自由思考之人的，也因而恰好被看作相互平等的。签约者双方相互平等地在法律生活中扮演多重角色，就像人站在自己的镜像前。他千百次地重复相同的行为，总有一个跟他一模一样的人立在对面，宛若挥之不去的幽灵。

就像我们已经意识到的和声称意识到的，这一人之（形象）观念直到晚近的时代仍主宰着我们全部的法律思维。该观念是从私法出发的，但也特别合逻辑地反映在民事程序上：当事人主义（Verhandlungsmaxime）的意思是说，诉讼程序是这样形成的，即法庭上相向等肩并立着的好像是两个技艺精湛的棋手，是两个精明圆滑的、受正当的利益驱动却又不需要法官持助的对手。透过费尔巴哈（按：此处指安塞尔姆·冯·费尔巴哈，刑法学家），刑法也受着相同的观念的支配：他的心灵强制理论这样来预设人，认为人在没有任何动机和良心压力的情况下纯粹从自利和理智的角度来计算其有预谋犯罪之快与不快的结果，以追逐其正当的利益。公法最终也是根据社会契约论来证立和获得支撑的，把人看作具有正当个人利益的自由平等之人。在这样的背景下，选举法的实施表现出有点像是对个人利益的纯粹个人的宣示，选举中的多数票或少数票也有点类似于对偶尔平等的利益宣示作事后签发的汇票总额。然而，个人表决的社会背景、政党、阶级，却游离于法的视野之外。卢梭（Rousseau）曾反对结党营私，因为结党营私错误地表达了个别（人）的利益。于是，在距今还不很长的过去一段时间，国家法和国家法学至少忽略了在后来仍然强有力发展起来的政党。政党的出现是一个纯粹社会学意义上的构成体（Gebilde），而不具有法律上的名分（尊严），对法律而言，存在着的只有单个的选民。故此，法律在其一切部门中均将目标定向于个人主义的、理智主义的人之（形象）类型，只有在法律制度的冷僻的一角，渗透着义务、承载着义务的权利这一古老的父权（家长）制思想作为一个有限的定在（Dasein）还在苟延残喘：如在家庭法中。人们认为，相对于自己的妻子和孩子，还是应把权利一如既往地托付给丈夫和父亲，以满足按照义务要求履行之期待。但在家庭法中也对以前丈夫和家长权利的义务性履行附加了越来越多的法律上的限制——人们可能还想到青少年法庭法和青少年福利法。而且，在这里，终结渗透着义务的权利，而化解为自利性权利（selbstneutzige Rechte）和利他性义务（fremdneutzige Pflichten），也可能是即将出现的事情。

然而此时此刻，越来越清晰地显露出来的问题是：自由主义法律时代主观设想出来的经验的（人）平均类型是何等的异想天开。可以肯定的是，人绝不总是能够认识自己的利益或总是能够追求其已经认识到的利益的，人也绝不总是仅仅在根本上受其利益驱动的——而且当人们对困境茫然无措和轻率放荡这样的情况出现时，一个仅仅为精明的、自由的、自利的人类作出安排的法，必定使人的另一半同种并生的类群陷入灭绝。随着反高利贷立法的出现，对法律当事人的法律保护重新被用来对抗当事人自身。在民事程序上——最初在奥地利的民事程序上，法官开始以帮助、引导的方式介入当事人之间的自由调解过程，直至对这些当事人的利益进行干预，当事人主义才渐渐地被打破。在刑法上，费尔巴哈的威慑物理学遭受挫折；事实证明：犯罪人极少能够对自己行为的有利和不利之处作出两相权衡的计算，进而为他自己选择最为有利之途；相反，人们要使自己的行为得到矫正，就是说要使自己往高处走，也只是为了认识他自己的利益，只是为了追求其本人的正当利益。而且矫正思想（这将在本质上被证明是一种为正在形成中的新的人类形象而提出的思想）能够走出单调的犯罪者类型，使大量形形色色的心理学上的怪人，也大量地在法律上显现出来，如偶犯、惯犯、可矫正犯、不可矫正犯。这一新的刑法学说在法律上可以被称为刑事社会学说（soziologische Strafrechtslehre），因为它迄今为止只突出强调一系列社会事实在法律上的至关重要性。法律上的人之新观念呼之欲出，一个法律时代转折渐次出现，一个新的法律时代开始降临。

这一新的人类形象，与自由权利时代（liberales Zeitalter）抽象的自由、自利和精明的（人）图式相比，是一种更加接近生活的类型，在此同时考量的是法律（权利）主体的智识的、经济的和社会的实力状态（Machtlage）。自此以后，法律上的人不再是鲁滨逊或亚当，不再是离群索居的孤人，而是一个社会中的人，一个集体人（der

Kollektivmensch)。随着这一法律上的人之类型贴近社会现实生活，法律（权利）主体也就分解了，溶化为一个社会类群的大多数，现在也是在法律上至关重要的类群的大多数。所有这些都特别鲜明地在劳动法中取得了进展，在此意义上，劳动法对社会法律时代起着引领道路的作用，就像商法对自由权利时代所起的作用一样。

私法，或者说“市民”法，只熟悉平等的法律（权利）主体，这一平等主体双方参与自由缔结相互间的契约，而不熟悉面对企业主处于弱势地位的劳动者。它也不明白什么是劳动者的联合，通过这种联合，单个劳动者这种弱势群体寻求与企业主达成力量均衡；它同样不明白什么是大职业联合体（协会），这些职业联合体通过劳资协议而成为劳动合同的真正缔约者；它眼里所看到的只有单个的签约人和单个的劳动合同。故此，它最终也不清楚什么是企业的联合体：市民法只想见到的是这样单个的劳动者而绝不是通过法律纽带联结起来的劳动者们相互间签订的劳动合同，根本不把企业的职工总体看作一个完整的社会统一体，它地地道道的是只见纯粹的树木，不见森林。而劳动法的本质则是：极限地接近生活。它与抽象的市民法不一样，其眼里不是抽象的法律之人（Personen[1]），而是企业主、工人、职员，不只是单个人，而且也是联合会和企业，不只是自由契约，而且也是艰苦的经济上的实力较量，它们构成了这个所谓的自由契约的背景。它把单个的人看作联合会的一员，企业的一员，最终也是整个经济和社

1 德文Person，指有法律身份之人，有法律“人格”之人，与生物意义上的人（Mensch）有别。从法律角度看，一个Mensch，未必当然就是一个Person。——译者注

会的一员，带有一切自我生成的动力，这就是共同体感觉，或至少是放大了的自我主义的动力，我们把它称为有机团结（连带）。

公法也已采取了这一新的人之（形象）观念。我们现今正在考虑改变民主的概念：建立在孤立的个人基础上的民主思想将转变为以集体人概念作为出发点的民主思想。在我们看来，民主不再是指“凡具有人的面孔者，一律平等”，也不再是指它相似的反面，即“挑选领导人”的最好方法。它对我们意味着——在相关联的意义上——不再是单个人的（简单）相加，而是极为繁复的社会学意义上的整体（社会组织、阶级、政党）。这不仅适用于民主的社会—政治概念，而且适用于民主的法律概念：在比例选举法中这些组织在法律上的重要性被凸显出来了。政党，不久前还隐在幕后，现在作为国家的重要机构登上了国家法和国家法学的大雅之堂。

将法律上的人作为集体人来考虑，不过是说，其最终也是作为人身上的一部分集体气质（kollektives Ethos）来一同考虑的。新的权利伦理化现象的出现，也是带有道德性义务内容的新权利的实现过程：有人说，“所有权承担着义务”“选举权是选举义务”；耶林曾强烈地把为权利而斗争提升为道德义务。随着这种义务逐渐渗透于权利，社会法律时代又重新继受了父权（家长）制法律时代的思想：在我们身上显现的每一项权利不过也是一个纯然由全体人民封与的采邑（Lehen）。但这个时代区别于父权（家长）制法律时代，其义务渗透性同时又是一种义务制约性。战时经济已经使我们习惯于把任何权利都只看作临时性的权利，它在按照义务要求履行的期待中一直在继续赋予个人。立法者时刻准备着，对那些没有按照义务性要求来使用其权利的社会组织，撤销其这一被滥用的权利。于是，对我们来说，所有的权利都变成了可撤销的权利。

尽管对作为法律制度客体的各种不同人之观念已有了一个轮廓，但现在我们的话题还没有详细展开。自然，这还需要以更宏大的线条来勾勒：法是如何把人想象为它的主体，想象为它的创设（造）者的——更进一步说：它是否根本上考虑到了人的立法者又是作为它的创造者出现的呢！因为人作为立法者绝不是理所当然的事情，而是较晚出现的历史产物。

日耳曼古代时期，法、习俗、伦理、宗教是融为一体的，法同时是先民的智慧，民族良知的声音，神的意志，因此它不是通过人类的立法制定的。法的养成是在各种法书（Rechtsbuecher）和智判询答（Weistuemer）中进行的，不过在这些书籍里也有一些新的东西被冒充作为古老的东西。在《萨克森之镜》（Sachsenspiegel[1]）的序言中还这样写道："其法非由敝人（按：此指《萨镜》的作者艾克·冯·雷普高）凭空杜撰，乃自古由善德先祖为吾辈流传。"

因此，（历史上）最早的立法者是作为这样的人出现的：他亵渎地插手了神的神圣（立法）权力。在德国，走向人定立法之路是特别晚的事情，而且经历了一个漫长的跨越。墨洛温（Merowinger）和卡

1 Sachsenspiegel 是 13 世纪出现在德国萨克森地区的一部最著名的法书，以韵文体写成。其作者为德国历史上记载的最早的法学家艾克·冯·雷普高（Eike von Repgow，约 1180/1190—1232/1233）。该法书作为德意志习惯法渊源一直沿用至19世纪末《德国民法典》被通过之时，其影响深广。——译者注

洛琳（Karolinger）王朝时期[1]的法律意味着是一个至关重要的转折。国王还不直接能够为其人民（民族）创制法律，但他可以向其官吏发布命令。此时的制定法（Gesetzesrecht）还不过是官吏法，这种官吏法只约束王室法庭，平民和平民法庭（Volksgerichte），仍继续依照（历史上）流传的民俗法（Volksrecht）生活。此后官吏法和民俗法之间长期一直为争夺统治地位而进行着斗争，并作为经年累月反复出现的所谓“法与国家间永久争讼”的表现形式。

不过现在我们要继续做跳跃，跨入近代！一直到近代很晚的时候，法学和法律实务还不习惯于直接援引法律，而是更强调引用多种多样的其他权威性资料，引用圣经和古代的经典。由此表明：人们还不大熟悉现今国家法律漫无边际的约束力。是的，我们站在了自然法时代，自然法对实在法，不是因其通过国家权力的强行命令，而只是依照其内容的正当性，而赋予其效力。即便如此，霍布斯（Hobbes）面对这样的观点，仍然还必须一再地强调：“法律不是协商，而是命令。”

罗马法的继受，或者说对被视为（神圣罗马—德意志）帝国先人的罗马皇帝之成文法的继受，为国家意志作为法律而有效开辟了道路，但到了极权国家才贯彻执行这一效力。只有到官僚国家时代，官吏法才获现利势。只有到了启蒙时代国家立法者的目的意志才代替民族精神的本能意志。在这里，语言也是精神（意识）进行着转变的最好证明。现代法律语言几乎一下子出现了，这是一种把国家权力有意

1　法兰克人的墨洛温和卡洛琳王朝时期（476—887 年）是日耳曼历史上的一个重要的转折时期，它标志着从古代到中世纪的过渡。——译者注

识地转变为适得其时的力量的语言，是绝对命令的令人惊奇地符合逻辑的语言，是越来越明显地同（旧法）那种诱导性的、说服性的、规劝性的语言截然分离的语言。最后，在极权统治者形成的过程中，人作为立法者也走进了历史舞台。

从极权国家到宪政国家的发展意味着在国家意志中吸收了人民的意志，意味着法重新失去了个性化，而走向趋同化。今天，立法已不再单单建立在人民代表（制度）的基础上，而是建立在全民基础之上。专家们和利益关系人以越来越大的规模在进行着准备，有时是无（组织）形式的，有时甚至采取符合体制（宪法）的形式，如国家经济（专家）委员会。法律变成了一种新型的民俗法——它不再反映无组织的民族精神的本能意志，而是反映经过组织起来的民族精神的目的意志。

故此，历史的进程是从无意识的共同意志，到有意识的个人意志，再到有意识的作为立法者的共同意志；我们也就作为法律主体的人和作为法律客体的人做了仔细对应的考察。所有的法首先是主观意义和客观意义上的礼俗社会法（Gemeinschaftsrecht），即反映礼俗社会意识的、为礼俗社会之人适用的法；其次为两种意义上的个人法（Individualrecht）：即个人立法者为被认为互无关联的个人所订之法；最后又回到了另一层概念的礼俗社会法，但这不是父权（家长）制社会的法，而是（高度）组织起来的社会的法。

由此我们再一次回到了把人作为法律客体这个话题。我们这里所做的有关考察绝不是没有（在历史上）发生过的事情。不过在另一种形式上，这种考察，自始就被罩上一层历史建构的透明薄纱：即自然状态学说。关于自然状态，人们从根本上把它理解为不过是人类的原始心灵状态，是法存在的基础，法以此作为自己的出发点。后来一切法律时代交替地对这种心灵状态持两方面截然对立的观点：其在自然状态学说中的口号分别标识为“渴望社交”（格劳秀斯）和“人对人像狼”（霍布斯）。格尔奥格·耶律内克（Georg Jellinek[1]）在一次充满见地、材料翔实的报告中，已指出了古代的国家学说是如何习惯于想象作为自己开端的人之类型的，是如何按照先祖的历史形象来思考人性的。古老的亚当，在历史上有不断变化的表现形式和观念形式——这就是法律上的人。

我所列举的一大串名字，令人回忆起我们这所享有盛誉的大学的最辉煌时期，回忆起格尔奥格·耶律内克、威廉·文德尔班（Wilhelm Windelband[2]）、埃米尔·拉斯克（Emil Lask[3]）、恩斯特·特勒尔奇（Ernst Troeltsch[4]）、艾伯哈德·戈特英（Eberhard Gothein[5]）和马克斯·韦伯（Max Weber）等人工作时期的海德堡。我要感谢这海德堡给我打上了精神的烙印，当此时此刻幸运降临到我的头上，让我重新

1 格尔奥格·耶律内克（Georg Jellinek，1851—1911 年），德国公法学家。著有《国家学总论》（1900 年）等。——译者注

2 威廉·文德尔班（Wilhelm Windelband，1848—1915 年），德国哲学家，新康德主义的创始人之一。著有《哲学史教程》等。——译者注

3 埃米尔·拉斯克（Emil Lask，1875—1915 年），德国哲学家。著有《法哲学》（1905 年）等。——译者注

4 恩斯特·特勒尔奇（Ernst Troeltsch，1865—1923 年），德国著名学者。著有《基督教的社会教义》（1912 年）。——译者注

5 艾伯哈德·戈特英（Eberhard Gothein，1853—1923 年），德国学者。——译者注

踏入这个古老的精神家园时，我知道再没有其他更好的誓愿能够比得上认识这些伟大的导师了。但令人感到奇异的是：在海德堡，有两位巨人，同时也是两位在我从政和从学两个工作领域称得上是严格意义的恩师、导师和父亲般朋友的人——弗朗茨·冯·李斯特（Franz von Liszt）和弗里德里希·艾伯特（Friedrich Ebert[1]），尽管其活动影响范围不在此地，但在这里也找到了他们的最终安息之所。在这样一个对我如此欢庆的时刻，让我也提到他们的名字以表达永不泯灭的崇敬和感激。顺着他们指引的方向，我将在新的耕地上手扶木犁：

以我的双手创造每天的成果，
为我完成的事业而欢欣！[2]

1　弗里德里希·艾伯特（Friedrich Ebert，1871—1925年），德国社会民主党领袖，第一次世界大战后德意志共和国第一任总统。——译者注

2　这里所引为歌德的诗句。——译者注

五分钟法哲学[1]

（1945 年）

第一分钟

对军人而言，命令就是命令。对法律职业人来说，法律就是法律。然而，当军人懂得命令的目的在于犯罪或违法时，他有义务和权利中止服从；但自从大约一百年前最后一批自然法学者从法学家群体中消逝以来，法律职业人就再也认识不到法律的效力和臣服法律的相同例外。法律之有效，只因为它是法律；而且，只要在一般情况下有权力来贯彻执行的话，它就是法律。

对法律及其效力持上述观点（我们称之为实证主义学说），使法律职业人连同整个民族均无自卫能力，来抵抗如此专横、如此残暴、如此罪恶的法律[2]。它们最终把法与强权等同起来：哪里有强权，哪里

1 该文是拉德布鲁赫为学生印制的便条式语录，是“二战”结束后对其法哲学思想初次简练的表达，是其思考及风格的一篇有特色的文章。它最早载于《莱因—内卡尔报》（Die Rhein-Neckar-Zeitung）1945 年 9 月 12 日，第 3 版。——译者注

2 此处所指的是希特勒统治的“第三帝国”法律。——译者注

就有法。

第二分钟

有人想以下一句话来补充或取代上述的一段话：凡对人民有利的，就是法。

这意味着：任性、背约、违法，只要对人民有利，就是法。这实际上是说：掌握国家权力者自认为对社会有益的事，独裁者每一次的突发奇想和喜怒无常的脾性，没有法律和判决的惩罚，对病弱者的非法谋杀，如此等等，都是法。还可能意味着：统治者的自私自利被当作公共利益看待。故此，将法与臆造的或杜撰的人民利益相提并论，就把法治国家变成了一个不法国家（Unrechtsstaat）。

不，不是必须声称，所有对人民有利的，都是法；毋宁相反：仅仅是法的东西，才是对人民有利的。

第三分钟

法意图趋向正义。正义不过是指：不管是谁，一视同仁。

如果谋杀政治对手的行为被推崇，谋杀异类的行为被愿求，以相同的行为对待自己志同道合之人，而对其处以最残忍、最羞辱的刑罚时，这既不是正义，也不是法。

一旦法律有意拒绝趋向正义，譬如根据任性承认和否认人权，那么这样的法律就缺乏有效性，人民对此就不承担服从的义务，法律职业人也就必须鼓起勇气，否定这些法律具有法的本性。

第四分钟

的确，除了正义，公共利益也是法的一个目标。的确，法律，即便恶法也还总有某种价值——对法保持怀疑的价值。的确，人的不完善性不会总能将法的三种价值即公共利益、法的安定性、正义和谐地统一起来。故此，人们只能权衡：要么为了法的安定性而宣扬恶的法律、有害的法律或不公正的法律有效，要么因为法的不公正性或危害公共性而否认其有效。必须给整个民族和法学家的意识本身打上这样深深的烙印：可能有些法律，其不公正性、公共危害性是如此之大，以至于它们的效力，它们的法的本性必须被否定。

第五分钟

也有一些法的基本原则，它们的效力比任何法律规则更强而有力，以至于一项法律，若与它们相矛盾，就变得无效。人们将这些基本原则称为自然法或理性法。确实，它们在具体方面还包含若干疑点，但几个世纪的努力已经塑造出了这样一个稳固的实体，而且它已经广泛协调地融于所谓人权和公民权宣言之中。至于说它们的某些方面，也还只能由于有心里的疑问而保持怀疑。

在宗教信仰语言里，相同的思想以圣经的两句话写下来。其中一句写着：应当顺从掌握你们权柄的人。另一句写着：顺从神，不顺从人，是应当的——这不只是一个虔诚的愿望，而且也是一个有效的法的规则。不过，这两个圣经语句之间的紧张关系（张力）不能通过第三句话来化解，比方说通过箴言“恺撒的事当归给恺撒，神的事当归给神”来化解——因为这句箴言使人对（神俗）界限表示怀疑。更确切地说：应该诉诸上帝的声音来解决，而上帝的声音只是面对特殊的情况在个人良心里向人宣示。

（译自拉德布鲁赫：《法哲学》（第 6 版），斯图加特 K. F. 科勒出版社 1963 年版，第 335—337 页。）

法律的不法与超法律的法[1]

（1946年）

一

纳粹主义（民族社会主义）只知道用两条原则使其顺从者，其一是军人，其二是法律职业人，来束缚自己，即“命令就是命令”；“法律就是法律”。“命令就是命令”这条原则从没有无限度地适用过。在命令被发命令者用于犯罪目的时，服从义务终止（《军事刑法》第

1　该文最初发表于《南德意志法律家报》（Sueddeutsche Juristen-Zeitung）1946年8月第5期，被认为是1945年“二战”结束后拉德布鲁赫由所谓“相对主义法哲学”转向“自然法学”、由过去强调法的安定性价值转向强调正义价值的一篇标志性的文章，在拉德布鲁赫法哲学理论中具有重要的地位。但在这篇文章中，我们仍然可以读到其思想的多线条交织的复杂性，很难用“自然法学”“实证法学”或“实证主义法学”来概括其思考的主旨，而毋宁说：其在这篇文章中所体现出的思想同时整合了上述法学的思考。诚如拉德布鲁赫的学生、慕尼黑大学法哲学教授阿图尔·考夫曼（Arthur Kaufmann）所言：“当人们把拉德布鲁赫打上新康德主义者、实证主义者、相对主义者、现代主义者、自然法学者或其他什么印鉴时，那么就绝不会获得完整的拉德布鲁赫形象。这样的框框不适合套在他的品格形象上。”（见本书德文版序）——译者注

47条)。而据悉,“法律就是法律”这条原则,对此是没有任何限制规定的。它是实证主义法律思想的表达,该思想几乎无可争议地统治了德国法学界达数十年之久。因此,法律的不法,恰同超法律的法一样,本身就是一个矛盾。现在可以看到,(司法)实践一再地把这两方面的问题提到面前。在《南德意志法律家报》(SJZ,第36页)公布了威斯巴登州初级法院的一项判决,并配发论证,照此说法,“那些由国家宣告犹太人的财产终止的法律,与自然法是矛盾的,现在它们的宣告无效”。

二

在刑法领域,同样的问题在苏俄占领区被特别地提出来交由论证和决定。

1. 设在诺德豪森(Nordhausen)的图林根刑事陪审庭进行的一项主审过程中,前初级司法官普特法尔肯(Puttfarken)被判处终身监禁,因为此前根据他的告发而导致判决并处死商人戈逖希(Goettig)。[1] 普特法尔肯在一个厕所的墙上发现有戈逖希留下的字迹:“希特勒是一个杀人狂,应对战争负罪。”判决的作出不单单是因为这个留言,而且也是因为戈逖希听信了外国广播的宣传。图林根总检察官库什尼茨基博士(Dr. Kuschnitzki)(对普特法尔肯)的指控是通过报纸详细复

1 另一项类似的庭审过程发生在慕尼黑盟军特别法庭(die Muenchner Spruchkammer)上,告密者索尔姐妹由于告密而受指控。

述的（《图林根人民报》，左恩纳贝格，1946 年 5 月 10 日）。总检察官首先论证的问题是：（普特法尔肯的）行为是违法的吗？“初级司法官辩解说，他告发戈逖希是出于对民族社会主义的信仰，这在法律上是不受追究的。但人没有任何法律义务去告密，也包括出于政治信仰。即使在希特勒统治时期，这一法律义务也是不存在的。关键的问题是：他所做的是否属于执法行为。这里的前提是：司法人员是有权作出法律判决的。符合法律、追求正义和法律的安定性是对司法人员的要求。所有这三项前提条件在希特勒时期的政治性刑事司法过程中都是缺乏的。”“在这些年里谁要是告发另一个人，他必定考虑得很清楚——而且实际上也是这样来做的：他扭送被告人（到法庭）不具有合法性的庭审程序，不是根据法律上的界限，不是为了查明（事实）真相，寻求公正的判决，而是任意专断的。”

“在这方面，我尽可能广泛地征集法律专家的咨询意见，耶拿大学法学院院长朗格教授（Professor Dr. Lange）对这一问题作出了答复。在第三帝国中，各种法律关系是人们所熟知的，人们清楚地知道：有人在第三期战役年代因为一张写有‘希特勒是一个杀人狂，应对战争负罪’的纸条而被追究责任，而且这个人很可能性命难保。正如司法人员会歪曲法律一样，一个像普特法尔肯这样的人的确不可能坐视不理，但他能够明白这一点：这样的事情，司法人员怎能忍心做得出来。”

“根据《刑法典》第 139 条规定，告密的法律义务也是不存在的。尽管在这一条规定中对那些确实了解谋反的意图的知情者施与刑罚的威胁，但它对是否应及时向官府告发，则语焉不详；尽管可以肯定：戈逖希由于准备谋反而可能被卡塞尔的州最高法院判处死刑，但在法律意义上，准备谋反还根本没有明示。戈逖希大胆表达的这句话‘希特勒是一个杀人狂，应对战争负罪’，充其量不过是空白事实（die blanke Wahrheit）。谁散布和传播这句话，既不会对帝国，也不会对其安全构成威胁。他所想做的仅仅是为清除祸国殃民者作出贡献，并试图拯救国家，故与谋反完全相反。任何通过形式法学的思考，使这一清楚的事实变得模糊不清，都是应当否定的。此外，所谓的元首和帝国总理是否在任何时候都被看作合法的国家首脑，他们是否由此而受到谋反罪条款规定的保护，可能都还是很有疑问的。因此，初级司法官在其告发过程中对其行为的法律涵摄（Subsumierung）是根本没有思虑的，而可能只是根据自己的主观想象的标准来作出行为的。他从来也说不清楚：他之所以告发戈逖希，是因为他看到了戈逖希具有谋反的意图，并认为自己负有告发的责任。”

总检察官接下来转向另一个问题：该行为是有罪的吗？

“普特法尔肯彻底地承认，他有意要把戈逖希送上断头台。一系列证据也证明了这一点。这是符合《刑法典》第211条关于谋杀罪的故意的含义的。第三帝国法院判决处死戈逖希，并不阻却普特法尔肯的罪行。他是一个间接的犯罪人。而且必须承认，帝国法院在判决中引申出来的间接犯罪人概念，一般而言所考虑的是另外一些（犯罪）事实构成，其关键在于：间接犯罪人利用了意想不到的或不可预料的工具。面对这种情况，即一个德国法院可能成为犯罪人利用的一个工具，这是任何人事先都没有想到的。不过我们现在面临的就是这样的事实构成。而且普特法尔肯一案不会是唯一的案件。法院在形式上行为合法，而实际上作出了非法的判决，这并不能够阻却间接犯罪人的罪行。另外，在此方面，1946 年 2 月 8 日的《图林根补充法》（das thueringische Ergaenzungsgesetz）也多少为现下的考虑扫清了道路，它在第 2 条中用下面的注释文本对《刑法典》第 47 条第 1 款做了补充以消除疑问：'若行为人对从事的应受罚之行为本身负责，或因另一人行为而负责，即使另一人之行为是依照法律规定所为的，该行为人亦当受罚。' 这里作出规定的，不是一种新的并被赋予溯及力的实体法；它只不过是对自 1871 年以来一直生效的刑法的一种正式解释。”[1]

“我自己持这种观点：根据仔细斟酌正反两方面的意见，采纳间接犯罪中的谋杀，这些考量不可能存有异议。但是我们可以设想一下，而且我们也因此必须考虑到：法院也许会采取另外一种看法，那么到底如何是好？假如有人否定间接犯罪的推释，那么就难保不把违反法和法律将戈逖希判处死刑的法官视为谋杀犯。故此，假如被告是胁从谋杀的话，那么从法院的观点看他也是应受惩罚的。这也许是同占主导地位的考量存有矛盾的——我没有搞错的话，它们就存在于 1946 年 1 月 30 日盟军（对德）管制委员会发布的第 10 号法令中；根

1 在一附有《图林根注释文本》的刑法典版本（魏玛，1946 年）中，里查德・朗格教授指出（第 13 页），“在许多案件中有关间接犯罪人罪行的概念，看来是很有疑问的，因为在这里对犯罪行为人而言，司法已经被滥用来追究其犯罪意图（如诉讼欺诈，政治告密）。因此，1946 年 2 月 8 日的《图林根补充法》第 2 条清楚地规定：只有在利用者是执行公务或本身属依法行为时，间接犯罪行为才是应受惩罚的”。

据该项法令第 20 条的规定，某项犯罪的被告人很可能实施反人类（反人性）的行为而负罪。在这个法令的框架内，重要的问题不再是一个国家的国内法是否被违反了。应受惩罚的，是那些反人类的行为，并且干脆根据政治的、种族的或宗教的理由来予以追究。按照第 2 条和第 3 条的规定，犯罪人应受被法院确定为正当的刑罚。其中也包括死刑。”

“不过，我作为搞法律的，习惯于把自己限定在纯粹的法律评价的范围内。超出事情本身，以健全的人类理智来考察它，这总是没有错的。法律学术永远只是一种工具，有责任感的法律职业人利用它来获取某种在法律上站得住脚的判断。”

图林根刑事陪审庭判决普特法尔肯有罪，不是因其间接犯罪，而是因其胁从谋杀。接下来，那些违背法和法律判处戈逖希死刑的法官们，也必定要对谋杀承担责任。

2. 实际上，在报刊（《每日评论》，1946 年 3 月 14 日），萨克森州总检察官 J.U. 施罗德博士（Dr. J. U. Schroeder）发表观点，也涉及刑法上的“反人类的法官判决之归责性”，即使这样的法官判决也是根据民族社会主义（纳粹）的法律发布的：

“民族社会主义党国的立法，连同据此作出并发布的死刑判决，均缺乏任何法律上的有效性。”

“它们均建立在所谓《授权法》基础上的，该法是不符合宪法规定的三分之二必要多数原则的。希特勒使用暴力阻挠共产党议员参与议会会议，这些议员由于蔑视希特勒之豁免特权而遭逮捕。剩下的议员，特别是来自（德国天主教）中央党的议员，在挺进队（SA[1]）的胁迫下不得不投票同意授权。”[2]

“任何法官都不能以一种不公正，甚至是犯罪的法律为基础，并以此作出法律判决。我们要以人权为依据，它高于一切实定的法律；我们要以不可撤销的、亘古自有的法为基础，它否定那些犯罪的、反人道暴政的命令具有效力。”

“从这种考量出发，我认为，那些抑制人性而作出前后不一的判决和清楚地知道由于弃绝法律而判死刑的法官，必须受到指控。”[3]

3. 来自哈勒（Halle）的报道说，助理行刑官（die Scharfrichtergehilf）克莱因（Klein）和罗泽（Rose）积极参与无数起已决死刑的非法行刑。克莱因于 1944 年 4 月至 1945 年 3 月共参与 931 起死刑判决的执行，为此他领取报酬 26 433 马克（RM[4]）。对他们的判决显然是根据盟军（对德）管制委员会发布的第 10 号法令（《反人类的犯罪》）来作出的。“两被告完全自愿地执行其令人恐怖的职业，而对每一个行刑人而言，他是完全自由的，随时可以找到健康方面的或其他别的什么理由从其活动中退出来。”（《自由民主报》，哈勒，1946 年 6 月 12 日）

1 SA（挺进队），是德文 Sturmabteilung 的缩写。该组织别名“冲锋队”“褐衫队”，1921 年希特勒在慕尼黑成立。其为德国纳粹党的准军事组织，任务在于保卫纳粹党召开会议，袭击政治上的敌人。——译者注

2 本来还需要讨论的是，到底有多少由于革命而兴起的制度是通过“事实的规范力”而变成有效的法律的。

3 关于不依法律的法官判决的刑法归责问题，也见布赫瓦尔德（Buchwald）所著的一本备受关注的小册子：《公正之法》（魏玛，1946 年），第 5 页及以下页。

4 RM，是德文 Reichsmark 的缩写，指在 1924—1945 年流通的德国马克。——译者注

4. 在萨克森州，还有下面这个案件也广为人知（据总检察官 J. U. 施罗德博士 1946 年 5 月 9 日文）：1943 年，有一位在东部前线服役的萨克森士兵，他被命令看押战俘，但从其岗位脱逃，因为“讨厌看押战俘这种不人道的行为，也许还包括对希特勒军队服役感到厌倦”。他在逃亡时忍心不下而顺道去看望了自己的妻子，在其妻子住处被发现，据说是被一位警官抓捕的。他冷不防夺下警官子弹上膛的公务用手枪，从背后一枪将警官射死在地。1945 年，他从瑞士返回萨克森。他被逮捕，检察机关曾准备就其狠毒地杀死国家官员而向他提起控诉。但总检察官签发了释放和中止诉讼程序的命令。他把（《刑法典》）第 54 条看作既定的前提。据此他对紧急状态不负责任（原则）进行了论证：“凡过去从维护法律的立场（Rechtwahren）而发布的法，现在不再有效。就我们的法律观点看，从希特勒和凯特尔[1]军队脱逃绝不含有任何过错，它们不能使脱逃者蒙羞，成为惩罚其人的辩护理由；它们也不会使脱逃者负有罪责。”

故此，有关法律的不法及与实证主义斗争的超法律的法这样的观点到处都被接受下来了。

三

事实上，实证主义由于相信“法律就是法律”已使德国法律界毫

1 凯特尔（Wilhelm Keitel，1882—1946 年），德国陆军元帅，第二次世界大战期间德国最高统帅部长官。1946 年被纽伦堡国际战争罪犯审判法庭判处死刑。——译者注

无自卫能力，来抵抗具有专横的、犯罪内容的法律。在此方面，实证主义根本不可能依靠自己的力量来证立法律的效力了。它相信自己已证明了法律的效力，其根据是：法律着魔似的拥有权力，就使自己得到贯彻执行。然而在权力基础上所建立的，或许只有必然（Muessen），但从来不会是应然（Sollen）和价值（Gelten）。其实，法这种东西只建立在一种价值上，此价值内含于法律之身。当然：任何一种实在法，若不考虑其内容，自身均拥有一种价值：有法总还是好于无法，因为它至少产生了法的安定性。但法的安定性不是法必须实现的唯一的价值，也不是决定性的价值。除了法的安定性之外，还涉及另外两项价值：合目的性与正义。在这一价值序列中，我们把为公共利益的法的合目的性放在最后的位置上。绝对不是所有"对人民有利的东西"都是法，而是说凡属法的东西，凡是产生法的安定性和追求正义的东西，最终都是对人民有利的。法的安定性，是任何实在法由于其实在性而拥有的特性，它在合目的性与正义之间占有颇受注目的居中地位：它一方面是为公共利益所要求的，但另一方面也为正义所要求。或者说，法应是安定的，它不应此时此地这样，彼时彼地又那样被解释和应用，这同时也是一项正义的要求。在法的安定性与正义之间，在一个虽内容上尚可辩驳、但属实在的法律之间，在一个虽属公正、但尚未浇铸成法律形状的法之间，若还存有争议的话，那么事实上正义同它自身、表面的正义与实际的正义之间还存有冲突。新约福音书对这种冲突作了精彩的表达，一方面它命令："应当顺从掌握你们权柄的人。"但另一方面又要求："顺从神，不顺从人，是应当的。"正义和法的安定性之间的冲突是可以得到解决的，只要实在的、通过命令和权力来保障的法也因而获得优先地位，即使其在内容上是不正义的、不合目的性的；除非实在法与正义之矛盾达到如此不能容忍的程度，以至于作为“非正确法”的法律必须向正义让步。在法律的不法与虽内容不正当但仍属有效的法律这两种情况之间划出一条截然分明的界限，是不可能的，但最大限度明晰地作出另外一种划界还是有可能的：凡正义根本不被追求的地方，凡构成正义之核心的平等在实在法制定过程中有意地不被承认的地方，法律不仅仅是“非正确法”，它甚至根本上就缺乏法的性质。因为我们只能把法，也包括实在法，定义为不过是这样一种制度和规定，即依其本义，它们注定是要为正义服务的。按照这个标准衡量，纳粹法的所有部分都从来没有达到过有效法的庄严地步。希特勒人格中的突出个性，虽然由此出发铸造了全部纳粹“法”的性格特征，但完全缺乏真理感和法律感：因为他缺少任何真理感，所以他能够屡屡在雄辩的演讲中获得成功，毫无羞耻和顾忌，也就不可能使用真理的腔调；因为他缺乏任何法律感，所以他才有可能毫无顾虑地把最极端的专制上升为法律。他可以在其掌权之初对波登巴案谋杀凶犯（die Potempa-Moerder）发去同情电文，而在其统治将终时对 1944 年 7 月 20 日牺牲的烈士们进行残酷折磨。在纪念波登巴案判决时，阿尔弗雷德·罗森贝格[1]在《人民观察家报》撰文对此就已经提出这样的理论：人，各不相同；谋杀，也各不相同；在法国根据法律，

1 阿尔弗雷德·罗森贝格（Alfred Rosenberg，1893—1946 年），纳粹主义理论家。曾担任《人民观察家报》主编。战后被纽伦堡国际战争罪犯审判法庭判处死刑。——译者注

暗杀和平主义者饶勒斯[1]，不会与试图暗杀民族主义者克列孟梭[2]相提并论；一个行为人若是出于爱国的冲动而犯罪，他就不可能同另一个行为动机旨在反对人民的人（按照民族社会主义的观点来看），遭受相同的惩罚。据此它一开始就表明：纳粹主义的“法”故意要取消同样的事情同样对待这一正义的本性规定的要求。所以，就此来说它根本就缺乏法的本性，它不仅压根儿也够不上是非正确法，而且根本就不是什么法。特别是，那些条款规定，即纳粹党用来打压任何其他党派的部分特性而攫取国家全权（die Totalitaet）的规定，则更是如此。更进一步说，所有将人作为劣等人（Untermenschen[3]）对待、否认人具有人权的法，都缺乏法的本性。而且，一切以刑罚相威胁、根本不考虑犯罪的不同严重程度而只图眼前威吓需要的法，一切对严重程度极不相同的犯罪采取同一种刑罚（通常采取死刑）的法，均不具有法的本性。所有这些，都只是法律的不法的（个别）例证。

在直接经历了那（希特勒统治）12 年之后，应当承认：“法律的不法”概念，由于自身带有对实在法之法本性的否定，它可能对法的安

1 饶勒斯（Jean Jaures，1859—1914 年），1914 年以前法国社会主义运动的主要领导人。曾提出“宁要起义，也不要战争”的和平口号。1914 年 7 月 31 日被德国的狂热分子暗杀。——译者注

2 克列孟梭（Georges Clemenceau，1841—1929 年），法国政治家、新闻记者、第三共和国总理，为第一次世界大战协约国的胜利和凡尔赛和约的签订作出了重要贡献，被当时的欧洲人称为“胜利之父”。——译者注

3 德文 Untermenschen 是一个（纳粹时期使用的）贬义词，有二义：一指野蛮人、犯罪人；二指劣等人（如犹太人、吉卜赛人、共产主义者等）（见《杜登德语通用词典》，1989 年德文 2 版，第 1615 页）。——译者注

定性带来多么可怕的危害。我们一定希望：尽管这样的一种不法，仍然会使德意志人民一度出现的迷失和困惑继续存在着，但为了以防万一，我们必须通过在原则上克服实证主义，强化一切防卫能力，来对抗已经变得衰微的纳粹主义立法的滥用，防止这样的不法国家死灰复燃。[1]

四

这对未来也是有效的。面对过去 12 年的法律不法（现象），我们必须以对法的安定性尽可能少的损害来致力实现正义的要求。并不是任何一个法官都应当自行其是，可以宣布法律无效，这个工作还是应当由更高一级的法院或立法机关［克莱内（Kleine）也表达了相同的看法，见《南德意志法律家报》第 36 页］来承担。在美军占领区，这样的法律根据在多国委员会（Laenderrat）上达成的协议已经事先发布了：此即《关于纳粹在刑事司法上不法之赔偿法》。[2] 根据它的规定，“政治犯罪，由此而抵抗民族社会主义或军国主义，不受惩罚”，通过这种方式，那些诸如逃兵案件（见上述案件之四）所遇难点将得到解决。相比较而言，另一相配套的法（das Schwestergesetz[3]），即《关于纳粹时期刑事犯罪处罚法》，[4]

1 有关法律的不法，也见布赫瓦尔德：《公正立法》（魏玛 1946 年），第 8 页及以下页。还可以比较罗默（Roemer）发表在《南德意志法律家报》的文章（SJZ，第 5 页及以下页）。

2 该法律德文名称为：Gesetz zur Wiedergutmachung nationalsozialistischen Unrechts in der Strafrechtpflege。——译者注

3 德文 Schwestergesetz，汉语直译“姊妹法”。——译者注

4 该法律德文名称为：Gesetz zur Ahndung nationalsozialistischer Straftaten。——译者注

对这里的其他已处理的案件，则只能在此类犯罪之罚责按照案发当时的法律来看业已存在的情况下，方可适用。因此，我们不应根据这个法律（按：《关于纳粹时期刑事犯罪处罚法》），而必须依照《帝国刑法典》（RStGB）之规则来审查上述其他三个案件的罚责。

在上已讨论的告密者案件中，假如告密者的犯罪意图已经存在，他成功地利用刑事法院作为犯罪工具，利用刑事诉讼的法律职业人的流程作为犯罪手段，那么采纳告密者之谋杀犯罪构成间接罪行的观点本无可厚非。这样的犯意尤其表现在此类案件中："在这里，犯罪行为人有意要铲除受他怀疑之人，好像该人要与自己的妻子结婚，要么就是侵占自己的住宅或职位，或是要寻求报仇，诸如此类。"（此为上已提及的耶拿大学里查德·郎格教授的专家意见）假如说一个人滥用自己的指挥权让服从命令者服务于犯罪目的，构成一个间接犯罪人的话，那么为了达到犯罪目的，通过告密而启动司法机器的人，也构成一个间接犯罪人。利用法院作为纯粹工具的情况在有些案件里特别明显：在这些案件中，间接犯罪人可能考虑到和已经考虑到法官们，要么出于政治狂热，要么出于当时掌权者的压力，会作出带有政治倾向性的执法。假如告密者没有这种犯意，而只是想为法院提供证据，任由法院作出进一步的判决，那么他只能作为此类判决的原始证人（Verursacher），间接地由于自己的协助而对死刑判决的执行承受刑事处罚，当然此时法院就它那方面讲由于判决及其执行而已经承担了谋杀犯罪的罪责。事实上，诺德豪森的图林根刑事陪审庭走的就是这条路。

法官因为谋杀而承担罚责，是以同时就其所犯枉法之事实作出的论断为前提的(《刑法典》第334、336条)。因为，独立审判法官之判决，只有当法官直接违反了按规定其应服务的独立审判原则，违反了只服从法律，亦即只服从法的原则时，才构成被惩罚的对象。假如根据我们引申的原则可以作出论断说，过去已经应用的法律不是法，过去已经应用的刑罚标准以及根据自由裁量宣告的死刑判决，都是对任何趋向正义的意图的嘲讽，那么在客观上枉法的事实就是明摆着的。但是，假如法官都是一些深受占主导地位的实证主义教育毒害的人，他们只熟悉制定法，在应用实在法的过程中，他们可能具有枉法的犯意吗?即使他们具有这种犯意，但对他们而言，援引生命危险条款(通过作为法律之不法的纳粹法观点，他们本人可能已经把生命危险招来降临到自己的头上了)，援引《刑法典》第54条关于紧急状态的规定，也许是最后的、当然属令人尴尬的法律救济手段——说令人尴尬，是因为法官的品行应该是不惜一切代价，甚至包括牺牲生命，以正义为本。

两位助理行刑官由于执行死刑判决而产生的罚责问题，最容易处理。人们大可不必受人影响，通过杀人来牟利；也不必图当时的家境富贵和财源丰盈而从事这个营生。行刑这个行当过去是一种世袭的手工活，从事这个行当的人总是因此推托说：他们只是执行者，而法官老爷们的任务才是作出判决。“法官大人掌管着吉凶祸福，我执行他们的最终判决”——这句1698年的名言总是一再地回响在刽子手们的耳边。如果说法官的死刑判决在以枉法为基础的情况下作出，能够表明是一种应受惩罚的谋杀，那么行刑人，只要其行为表明是属于(《刑法典》)第345条规定的事实构成：即故意地执行某种不得执行的刑罚，他就可能因为其行刑而受到惩罚。卡尔·宾丁(《通用刑法教科书》，刑法特论，第 2 卷，1905 年版，第 569 页）曾谈及这种事实构成：行刑官同可执行之判决的关系类似于法官同法律的关系；其全部和唯一的义务在于精确地执行判决。判决限定了他的全部活动：“只要他遵行了判决，他就是正当的；只要他偏离了判决，他就是不正当的。因为否定执行判决的唯一义务具有绝对的权威性是构成罪责的关键点，所以有人也可以把此违法称为违反判决（Urteilsbeugung）。”行刑人无疑要审核判决的合法性。所以，判决不合法性的观点不能使他遭受损害，其不完成自己的（行刑）工作也不能作为违法的渎职被归罪。

五

我们不同意有人在诺德豪森所发表的下述看法：“形式法学的考量”惯于使“清楚的事实构成变得模糊不清”。我们更愿意坚持这种观点：在 12 年弃绝法的安定性之后，更应该强化“形式法学的”考量，来对抗这样一种诱惑：可以想见，这种诱惑在经历了 12 年危害和压迫的任何人身上都可能会轻易地产生。我们必须追求正义，但同时也必须重视法的安定性，因为它本身就是正义的一部分，而要重建法治国，就必须尽可能考量这两种思想。民主的确是一种值得赞赏之善，而法治国则更像是每日之食、渴饮之水和呼吸之气，最好是建立在民主之上：因为只有民主才适合保证法治国。

（译自拉德布鲁赫：《法哲学》（第 6 版），斯图加特
K. F. 科勒出版社 1963 年版，第 347—357 页）

附录二：

古斯塔夫·拉德布鲁赫的生平和著作[1]

埃里克·沃尔夫[2]

尽管在其生命中也曾经历过怀疑及绝望，一个伟人的生与死，事后看来仍然表现出是一个圆满的整体，自身充满着意义；因为正如安塞尔姆·费尔巴哈[3]曾经说过的，人及其生命是一个神的计划（考量）：这就是最终的根由——我们从容地称之为一个宗教性的根由，为此我们要去描述伟人的生平，我们要去阅读这样的生平记述。

——古斯塔夫·拉德布鲁赫：《P.J. 安塞尔姆·费尔巴哈：一个法学家的生平》（1934 年 1 版），第 209 页。

---

1 本文系埃里克·沃尔夫教授为拉德布鲁赫著《法哲学》（第 5 版）（斯图加特 K. F. Koehler 出版社 1955 年版）所写的编者导言。——译者注

2 埃里克·沃尔夫（Erik Wolf，1902—1977 年），德国弗赖堡大学前刑法及法哲学教授。著有《德意志精神史上的伟大法律思想家》等著作。——译者注

3 费尔巴哈（Paul Johann Anselm von Feuerbach，1775—1829 年），德国刑法学家。著名哲学家路德维希·费尔巴哈之父。著有《实在刑法基本原则和基本概念修订》（2 卷本，1799—1800 年）等。——译者注

一

1. 第一次世界大战爆发前 15 年在德意志帝国进入学院接受教育的年轻学子，他们迟早会认识到他们生活处境当中特殊的矛盾性。他们受到父母悉心照料，身背着“鼓鼓囊囊的书袋”（guten Schulsack），但他们受到了各式各样的，彼此不同的，甚至已经遭受到批评的家庭生活、学术生活以及政治生活的传统教育；其情绪上充塞着彼此矛盾的市民阶级的、人文主义的价值观；他们（在思想上）仍然受已渐失光泽的基督教教义、道德箴言和各种政治成见和审美成见的引导。所以，法学的、医学的、哲学的、自然科学的，甚至神学的大学毕业生都必须（以这样的心情来）面对其要参与和发挥作用的“实际（实践）生活”。而这种“生活”却又与他们在家庭、学校及教会所预设的人类此在（Dasein）的理想大相径庭。凭借着所获得的知识、所教化的行为准则或所承继而来的价值标准，他们根本不能应对面临的问题：除非他们闭目不见所有时事的变迁和意识形态上的价值重估，而这种变迁和价值重估在当时已充分地显现出来了。事实上他们中的大多数也的确是如此行为的，他们激励自己进入各种“公共生活”和“公共意见（舆论）”的渠道：这些渠道尽管彼此严格分离，但却可以导向“飞黄腾达”（Karriere）的目标。很久以来，这些渠道的起源或其目标，不再被人们追问，它们只绽露出各种外在的生活机会，但也是客观上显得冷冰冰的机会，因此它们也完全可以被适切地称为（生活竞赛中的）“跑道”。

当时只有极少数人察觉到，这种氛围不过是一种足以扼杀所有高贵的精神生命的污浊空气，即便那些已有心理准备的“学问人”也身陷其中。这使人想起使徒保罗，当他说魔鬼是“空中的掌权者”（Fuersten der Luft）时，其大概所指的就是这种情形罢！在学问人那里，那些从书本上获取的知识，通过教诲习得的传统，如尘埃般消散，成为流逝的记忆；多数人身上所存留的，只不过是由外在的忙碌和勤奋所掩饰的内在的空虚，它最终像一个漩涡发生作用，把那些迄今尚不为人知但却足以铲平、破坏乃至消解所有精神－心灵生命的力量和势能裹挟进学问人的内心。

这些物质化－技术化之现代社会所存在的毁灭性的“惯性力量”（exusiai），还流传着最初完全无害，甚至十分诱人的、悦耳动听的称谓。所以，人们所谈论的，要么是“科学的世界图景”或“技术时代”，要么是“现代生活”或“当代的进步”。因此，这里所表达的是一种“思想上的专业工作者”所采取的技术化－专业化的、纯粹“客观”的立场；这种立场拘泥于归纳和实验的方法，仅限于对“事实”作数学或统计学上的验证。这些“思想上的专业工作者”，回避所有带有伦理－宗教意义的问题，或者回避做任何社会评价，甚至带着责任感对此加以隔绝，以便不损害其客观性。此外，自然科学富有成就的进展，也诱使人们将原来只适于自然对象的认识方式转用于考察历史、社会及法律的事实状态。很早以前，诸如拉加德（Lagarde[1]），布尔克哈

1 拉加德（Paul de Lagarde，1827—1891 年），德国语言学家，民族主义文化哲学家。——译者注

特（Burckhardt[1]），也包括尼采（Nietzsche）在他的《不合时宜的考察》一书中，已经对此提出过警示和告诫，但被人们忽视了；而像朗格（Lange[2]）在他的著作《唯物论史及其在现代意义的批判》中所作的深入探究，以及其他众多严谨的自然科学家就此所表达的越来越多的不满，实际上也没有被人们严肃地予以采纳；职是之故，从平浅而又大众化了的物理知识、生物知识或社会学知识中，逐渐生成出一种实用科学的半吊子教育（real-wissenschaftliche Halbbildung）。但它们受到了广大民众的热烈欢迎，并且被看作传统的人文主义教育的替代物。这种人文主义长久以来已经变得肤浅，人们感觉上认为其因循守旧；它只不过是作为"美丽的幻象"和生活的粉饰，不再作为真实的、具有约束性的思想而受到重视；但无论它怎样与"长着翅膀的"诗句之祖传宝典相联系，怎样与被滥用而成为口号的德国唯心主义哲学之定理或与基督教神学各教派已经道德世俗化了的信仰真理相结合，其命运都是相同的。在有些地方，这两种［由于"文科中学"和"实务中学"（Realschule）的划分，似乎还有点正统化的］"教育之路"，即通向公众承认的学术之轨的道路，彼此以"互不干涉"的默契而并行不悖。

这之所以可能，乃是因为语言学家、法学家或历史学家对

1 布尔克哈特（Jacob Burckhardt，1818—1897 年），出生于瑞士巴塞尔的杰出的文化艺术史家。死后出版有《世界史观》（1905 年）和《历史片断》（1929 年）。——译者注

2 朗格（Friedrich Albert Lange，1828—1875 年），德国哲学家和社会党人。对唯物主义的论述，颇有贡献。——译者注

其“人文科学上”所指的“世界观”（他们现在也称之为“人文主义”“历史主义”“实用主义”或诸如此类），也采取一种完全适宜于“自然科学界”同人的态度：“人文科学家”由于默示地预先放弃了对其学科上之“公理”提出质疑，也就变成了自我隔绝的、漠然冷静的思想上的“专业工作者”——而且他还经常受到引诱，把“他们的”方法加以绝对化，为的是让所有的科学和生活模式都适应和归属于其所提出来的各种特殊的“主义”。

2. 对那些具有深邃洞见之理解力的人而言，这不可能是秘而不彰的：上述两种教育方式，比如人文主义对传统的生活风格的赞赏，现实（实用）主义对现代生活方式的赞赏，它们在道德上都同样是没有拘束力的。人们是投身于“历史主义的”实证论，还是“自然科学主义的”实证论，在根本上不过是难兄难弟之争：他们尽管可能相互较力，但其力量和势能（Koennen）都同样可以被任何决定价值取向而又拥有政治权力或经济权力的当局机关所利用。有人是否应当成为“人文主义者”或是“现实主义者”，这长期以来已不再是与内心的召唤或良知的决定有关的问题了：它只是一个针对外在生活目标而“选择的（生活）跑道”的策略性问题，不是别的什么东西。

（1）然而，正是由于这些人文教育的问题，这些个别科学的工作方式及其哲学上的正当论证问题，在19—20世纪转折之后的德国，一种真正的哲学思考又再度开始蓬勃发展起来。自然科学及随之而来的技术的发展是如此强劲有力，以至于那些准备顺应潮流乃至美化现实的神学家、哲学家和历史学家也感受到：对他们而言，这股洪流最后将不再承载那只生机勃勃，准备利用一切风向驶向所有口岸的“文化”小舟，反而要将其倾覆吞没。人们发觉：这里，一个矛盾就应运而生，它绝不是通过任何诗歌的美化、哲学思考上的折中主义，也不是通过任何自由派的神学理论就能够克服或者排除得了的。

（2）与这一发展同时俱来的是快速的人口增长，德国由一个农业国转变为一个工业国，由一个以手工业、农业经济为主、采取非中央集权管理的诸小国之邦演化为一个工厂密布且以现代科层（官僚）制度进行中央导控的大国。农村人口外流、大城市人口暴涨连同其他原因，产生了无产阶级的社会问题；由此，也产生了具有完全不同影响力的国内政治任务，与前一世纪民族国家建立时期所提出的要求相比，这个任务对个人的牺牲奉献，具有更高的要求。这导致了工人阶级与资产阶级、社会化原则与自由化原则之间的尖锐明显的对立；匆忙建立起来的“第二帝国”及其外强中干的形象，连同其徒具历史装饰意味而超越时代的宪法制度被过分抬举，用以遮掩社会分裂的内在缺陷；在此基础上，接踵而至的经济帝国主义才创造出了一种完全由具有截然不同生活方式的人构成的有影响力的“阶级”；而在不过数十年前，各“阶层”（Staende）间还有机地交错啮合、彼此相互支撑、经济上相互资助，构成一个多样化而健全的政治此在（politisches Dasein）的整体。如今的这一社会矛盾，却不能再用相同的政治游戏规则和形式上相同的法律来予以缓和；即使有某种“整合性”因素，如“王权”，甚或有某种因外交情势所迫的“团结一体”，对该矛盾也不可能经年累月地加以掩盖了；在第一次世界大战的紧急状态中，经历过短暂的、因意识形态的宣传而带来的群情激昂之后，这一幻觉很快就烟消云散了。

（3）最终，对于“社会性”这个生活谎言的反击，导致了社会成例与“青年”文化二者间的对立。这个生活谎言，长久以来不再能揭示一种真正的社会学上的层级体系，其精神趣味（Ethos）受到质疑，其形而上学上的正统地位变得极为脆弱。上述对立，表现在豪普特曼（Hauptmann[1]）与霍尔兹（Holz[2]）的所谓“自然主义”的诗作中；在造型艺术领域则表现为“青年艺术风格”；在政治－社会生活领域，这种对立表现为无数的联盟组织的建立，最终也表现为对于“新科学”的需求。

3. 故此，在19—20世纪交替之际，逐渐出现了三个重大问题领域，它们让官方的寂静主义（Quietismus）和传统主义显得颇有疑问：即“科学”的问题、“社会问题”及对于“资产阶级（市民社会）文化”价值的怀疑。

（1）科学的问题，人们有理由期待其由科学自身来找到答案。哲学和社会学已接受此项任务，并开始对其专业工作的基础和方法论的前提条件进行普遍的反思。这一反思一直追溯至现代科学得以缘起的来源。所以，新的哲学发展的第一步是致力于使德国唯心主义哲学的精髓思想得以复兴：新康德主义，以及稍后出现的新黑格尔主义献身

1 豪普特曼（Gerhart Hauptmann，1862—1946年），一译“霍普特曼”。德国现代著名剧作家。著有《日出之前》（1889年），以自然主义倡导者知名。1912年获诺贝尔文学奖。——译者注

2 霍尔兹（Arno Holz，1863—1929年），德国作家和自然主义者。著有抒情诗《梦幻》和戏剧《塞里克一家》。——译者注

于此项事业。

（2）在政治领域，社会政策获得了越来越大的立足空间：它们构成了所有新兴力量及源自宗教团体力量的出发点。社会民主党，作为变得日益强大的反对党，作为工会、合作社中的工运聚集地，逐渐准备着随时接掌政权；同时，它也力图借助纯理论性的社会主义或“讲坛社会主义”（“Katheder”-Sozialismus[1]），来加深其在经济上和伦理上的根基。

（3）对资产阶级（市民社会）文化的怀疑最终则引发了形形色色的、影响延伸及所有阶层和所有生活领域的“青年运动”，它反对庸俗的生活享乐，反对不负责任的个人主义冷漠态度和沉闷乏味的繁文缛节，而要求合乎自然的生活塑造、自我负责、自我做主的文化。对此，不论赞成，还是反对，所有年轻一代的一员都必须表达自己的立场。

4. 这个时代的精神处境也再度反映在同时代的法学问题上：

（1）长期以来，人们对传统的方法，亦即“历史法学派”或“概念法学”的意义多有疑惑；大家察觉到：纯粹的法律技术工匠或行政事务人员，似乎无须证明要耗资进行广博的学术训练。这里一个很现实的问题就是自然科学与人文科学在方法上的对立。尽管应当承认，“历史的”实证主义与“自然科学的”的实证主义几乎起源于同一根

1 “讲坛社会主义”（“Katheder”-Sozialismus），又称“纯理论性的社会主义”（wissenschatlicher Sozialismus），是19世纪主张社会改良的德国社会民主党提出的政治主张。——译者注

由，即法与精神（伦理）气质（Ethos）的分离，但是直到世纪之交，自然科学的思想方法仍然在法学这门学科具有持久的渗透力。法律社会学、法律心理学以及法律职业人类（种）学逐渐生成；人们尝试着与医学家、心理学家、（后来的）心理分析家、民族－种族学家保持更紧密的交流。同时，法学本身在形式上的技术化和在专业上的专门化，越来越发展起来了；而且，行政管理事务越来越细的分工和中央导控所致的机械化，使“历史法学派”，即那些不仅受罗马法概念训练，而且在经典的人文主义精神中接受熏陶的法学家们受到压抑；取而代之的，是那些受专门学院训练的行政（管理）专业人员。工程师、国民经济学家－企业经济学家、商人和社会学家们挤进了法律职业工作领域，并且将数学－统计的、归纳的和经济－目的论的观察方式应用于法律上的构成事实。在此情形下，传统的“罗马法”与“日耳曼法”“自然法”与“实证法”的学派对立，由萨维尼（Savigny）的“历史法”学派或耶林（Jhering）的“社会法”学派而生成的体系与论题的对立，反而渐次退居次席。现在所有的人都只关注法律的构成对于自然法或社会法则究竟应该以哪一个为准的问题，关注在贯彻法律的具体意图时对服务于利益标准或意识形态标准到底站在哪一边的问题。与此相适应，自从19—20世纪交替以来，在德国法律学者中也逐渐产生一种新的哲学需求。这种需求导致了法哲学的更新：相继出现了以R.施塔姆勒（R. Stammler[1]）为代表的“马尔堡”新康德主义

1　R.施塔姆勒（R. Stammler，1856—1938年），德国法哲学家。著有《正确法论》（1902年）、《法哲学教科书》（1922年）等著作。——译者注

的哲学流派和以埃米尔·拉斯克（Emil Lask）、马克斯·恩斯特·迈耶尔（Max Ernst Mayer[1]）为代表的“海德堡”新康德主义以及以尤利乌斯·宾德（Julius Binder[2]）为代表的新黑格尔主义。他们尝试着把法学与其他各学科的普遍发展勾连起来，让法学也参与对正统化与规范化科学标准的普遍反省。

（2）“社会问题”作为重大的政治问题，对于法学的提问立场（Fragestellung）产生了特别强烈的影响。一方面，某种弱化、阻隔政治冲击的要求出现了；人们借用“法官独立”“形式上的法的安定性”和“客观忠实法律”等口号来反击政治，意图保护某些理想主义的，带有宗教性的、保守的传统。另一方面，一种追求社会伦理－改革的呼声也悄然兴起，它凭借着“帝王法官”（koenigliches Richtertums[3]）、“实质正义”和“从铅字规定中解放出来”（Befreiung vom Buchstaben）等口号以谋求得到认同。这里，人们追求与时代潮流相结合，准备着接受新的政治意识形态，而且想跟得上时代的要求，这种要求敦促对法律和司法作实质的批评，不愿意只局限于对形式上的解释问题进行审查。按照前者的立场，原则上对既定的法律必须无条件地予以高度尊重，而且（即使牺牲某些社会利益）也必须服从；按照后者的立场，

---

1 马克斯·恩斯特·迈耶尔（Max Ernst Mayer，1875—1923年），德国刑法学家和法哲学家。著有《德意志刑法教科书》（1915年）和《法哲学》（1922年）等。——译者注

2 尤利乌斯·宾德（Julius Binder，1870—1939年），德国法哲学家。著有《法哲学体系》（1937年）等著作30余种。——译者注

3 “帝王法官”（koenigliches Richtertums），是德国法学家恩斯特·弗克斯（Ernst Fuchs）在所著《文书司法与帝王法官》（1907年）一书中所使用的术语。——译者注

原则上准备着对任何法律问题必须根据诚信的法律（de lege ferenda）来加以考察，并且把社会正义看作法律的唯一意义。这种呼声形成了一种所谓的“自由法运动”，这个运动希望法官成为追求社会正义的工作人员；它表现在以基尔克（Gierke[1]）和门格尔（Menger[2]）为起点的对德国民法典及民事诉讼法典之社会批判上，并且把法学家的视野引向与法学相邻的社会科学工作领域。

（3）从“青年运动”中，也生发出一种对崭新而深刻的职业——伦理精神的要求，一种把人当作法律上的、与法律相关的个人来看待的立场。这项要求又与基督教会以及以基督教会为依托的政党所提出来的社会要求结合在一起。恰逢其时，年轻一代的神学家们对19世纪僵化的历史主义开始进行清算。一方面，他们以激越的冲劲转向“行动的基督徒”（Christentum der Tat）：或者像博得尔施温（Bodelschwingh[3]）一样从事慈善活动，或者追寻维歇恩（Wichern[4]）和维尔纳（Werner）的足迹从事向人民传教的工作；另一方面，他们力图重新严肃对待由托尔斯泰（Tolstoi）所倡导，并由布隆哈特

1　祁克（Otto von Gierke，1841—1921年），德国法学家。著有《德意志公社法》（Das deutsche Genossenshaftsrecht，4卷，1868—1913年）等。——译者注

2　门格尔（Anton Menger，1841—1906年），奥地利法学家。其对《德国民法典》的起草曾有重要影响，尤以社会主义法学理论闻名。著有《新国家学》（1903年）。——译者注

3　博得尔施温（Friederich Bodelschwingh，1831—1910年），德国著名的基督教派牧师，比勒菲尔德贝特尔（Bethel）癫痫病和精神病康复医院的创始人。——译者注

4　维歇恩（Johann Hinrich Wichern，1808—1881年），德国基督教神学家，“灵魂传道会之父”和矫疗诊所（das Rauhe Hause）的创始人。——译者注

（Blumhardt[1]）和拉加兹（Ragaz）所实践的基督教博爱福音的根本点，以期在教会与公众之间建立真正的联系。在基督教－社会大会上、在诸如施特克尔（Stoecker[2]）和瑙曼（Naumann[3]）等著名人物中，同时也在罗马教廷（der Heilige Stuhl）与“现代主义”之间的争论中，无论是基督教新教派，还是罗马天主教派的虔诚的教徒们，把日益拓展的社会慈善事业与社会型塑［如科尔平家庭（Kolpingsfamilien）[4]］的自身努力相结合中，发现了新的“神学之存在”的出发点；全民传教的活动和宗教性社会组织体的形成，对于传统形式的私人慈善基金会或只由教会开办的慈善机构起到了补充的作用。在此情况下，追问法律与教会之间关系这样古老的问题，又再次变得现实起来；同时，在更高的程度上对一切社会秩序的根据进行宗教的证明，也在法学上变得很紧迫了。

5. 然而，整体看来，上述所有努力并未导致法学和法律生活实际的更新。一个采取科学思考的法学家，在 1905 年左右必须事先了解其所在的如下处境：

---

1 布隆哈特（Johann Christoph Blumhardt，1805—1880 年），德国基督教神学家。——译者注

2 施特克尔（Adolf Stoecker，1835—1909 年），德国教士，保守派政治家、改革家。1892 年曾参与制定德国保守党新政治纲领《蒂沃利纲领》。——译者注

3 瑙曼（Naumann，1860—1919 年），德国社会政治理论家，1919 年参与创建德国民主党。——译者注

4 科尔平家庭（Kolpingsfamilien）是德国天主教教士科尔平（Adolf Kolping，1813—1865 年，其被称为“学徒行会之父”）建立的天主教学徒行会组织形式。——译者注

（1）施塔姆勒的新康德主义法哲学已说明法的本质不是自然科学意义上的事实，而是人文科学意义上的事实。然而，作为纯粹的法学逻辑，它还只能将法律概念解释为一种形式概念，这种形式概念必须通过各种不同的实质文化价值来加以充实，以便获得其“社会内容”。但这根本不会促成一个新的正义学说的建立。施塔姆勒讲的“正确法”（richtiges Recht），所指的只是正确思考范畴的总称，即“法律上认识的形式”和法律上之行为的各种形式原则，而绝不是一种能够满足实质的伦理要求的法律理想。尽管必须思考公正法的种种形式是正确的思考形式，但它们还绝指不出建构一个包含正确法内容之体系的任何路径。

（2）尽管社会学为法学带来许多新的观念以供利用，诸如利益平衡［赫克（Heck[1]）］、目的决定（Jhering）、一切法律的社会“预构”［埃利希（Ehrlich[2]）］、“立法的实体”［欧根·胡贝尔（Eugen Huber[3]）］，甚或“事实的规范力”（格尔奥格·耶律内克）等，但是按照马克斯·韦伯（Max Weber）的界定及其对一切科学上之“价值判断”所采取的绝对防卫的态度，它（社会学）仍旧不是一门价值科学。对必须设定和保护价值的法学家来讲，社会学作为一门仅仅与价值相关，

1 赫克（Philipp Heck，1858—1943 年），德国法学家，利益法学的代表人物。著有《法律解释与利益法学》（1914 年）等。——译者注

2 埃利希（Eugen Ehrlich，1862—1922 年），奥地利法学家，自由法学奠基人之一。著有《自由法律发现与自由法学》（1903 年）、《法社会学原理》（1913 年）等。——译者注

3 欧根·胡贝尔（Eugen Huber，1849—1923 年），瑞士民法学家，《瑞士民法典》的起草人。著有《瑞士私法体系和历史》（4 卷，1886—1893 年）等。——译者注

但并不设定价值的经验科学，它并不能赋予真正的存在因由；它或许能够说明法律现状的社会成因，但它绝不会建立同时能够满足伦理学－形而上学要求的法律价值等级体系。不过，法律不仅仅是"社会秩序"，它在文化整体中也有其一席之地，并且与人类生存的宗教领域也密切关联。

（3）社会主义作为政治运动，只争取到了部分国民的拥护；而且它把为工人阶级的社会改善所进行的政治斗争只确定为部分的目标，此目标一开始就局限在阶级斗争或世界革命等诸如此类的宏大道理（Axiome）上。国民中的另一部分人，诸如农民阶级和资产阶级，则怀着相反的意识形态与之对立。经济学开始对社会主义理论中有关计划经济的基本纲领进行批判性评价；历史学也认识到了马克思思想中把文化作为经济关系之上的"上层建筑"（Überbau）在思考上的缺陷；哲学也证实，完全以进化"法则"为基础的"唯物史观"在方法论上的前提要件之证据并不充分，值得怀疑。不久，社会主义又开始把各种不同的传统和世界观混合在一起，而不断推出新的变种：时而是一元论的社会主义，时而是宗教社会主义；时而是国际社会主义，时而又是民族社会主义。以至于"社会主义世界观"这个美好观念，变得越来越具有多重含义。最终，这种发展也表现为数量很多的以"社会主义"作为招牌的政党的出现。在这种情况下，一种特殊的社会主义的法的理论并不能生成和发展起来；或者说，由于社会主义理论如此分歧，以至于任何这类尝试都不可能声称其具有普遍的有效性。

（4）青年运动最终在社会秩序领域的影响结果，还只是在各种不同的领域产生一些鼓动作用而已。青年运动很早就表现出了对自我的分析，对自我问题的认识，这特别表现在汉斯·布吕尔（Hans Blueher）所写的著作中。尽管如此，但这些分析和认识要么过于一般化，要么过于个人化，就像1903年由各青年联盟出席的“上迈森人”（Hohen Meissner[1]）集会代表们所要求的那样，以承认“个人品格”及其道德上的“自我负责”作为出发点；它们的设想时而产生了形式化，时而又导致了社会要求的分化；以至于，虽然青年运动如愿以偿地解脱了旧生活方式的束缚，但却根本不能重新生长出一种新的具有约束力的生活方式。无论如何不可低估的是，恰好在法律领域内，普遍新觉醒的，对于少年保护、少年保育和少年刑法的旨趣和责任感，日后对于少年人的法律地位的改善有着很大的贡献。

6. 长期以来还没有人能够如愿以偿地完全从内心里参与这个潮流，在实际的生活中代表这个潮流，并且为了法律观的全景总结这个潮流。1914年前，法哲学文献大部分还停留在批判性地指出现存的缺陷上，或者停留于对各式各样的理论－意识形态的纲领和尝试的赞赏；而这些纲领和尝试由于缺乏对总体问题状况（die Gesamt-Problemlage）的认识，注定是行不通的。但是，仅仅对现有的价值作有充分理由的怀疑，其本身还不足以新建一种真正的法的理论。这必须有新的真理认识和信仰的存在。不过，长期以来，对权威性的

1 迈森人（Meissner），是对德国迈森地区（Meissen）的居民（最初为斯拉夫人）的通称。迈森人以制造瓷器业闻名，“迈森瓷器”（Meissner Porzellan）自18世纪初开始享誉欧洲。——译者注

哲学真理的信仰（这是法律应当得以正当化的形而上学根据，是法律应该得以规范化的道德要求）已不复存在；人们在哲学中所看到的，只是各门科学通用的方法论，或反映“各种问题状况”（die Problemkonstellationen）的历史。即使那种晚近的、研究精神史的社会学，也只是描述和考察各种思想上的价值决定的可能类型，并不能够为这些价值决定类型建构一个在伦理上有约束力的等级体系。很早以前存在的对自然科学方法之权威性的信赖，特别是对医学、心理学或生物学等专门知识的信赖，对于解答法学上之基本问题的作用，也已经消失了。宗教和政治立场之间难以解决的二律背反辩证法得到认同；而在一般宗教学或一般国家学之共同前身上所存在着的，不过是一种苍白无力的理论抽象，一种形式概念范畴，这些概念就像一些空壳套在既定的内容上，可能被利用，甚或被滥用。在所有的科学中，也包括在法学和政治学中，人们按照这种方式已失去了对有关秩序井然之整体的想象，失去了对可以包容诸矛盾并且保持其界限的生活支点的想象。从此以后，科学、艺术和政治的发展在到处充满分歧的地方迷失了方向；它们走向了矛盾的极端。人们要么选择不宽容，要么选择漠不关心；要么必须选择怀疑，要么必须选择神秘的直觉。思想家要么必须是出世的浪漫主义者，要么是入世的时代报道者。政治家则要么必须是马基雅维利主义者，要么是乌托邦主义者，要么是无政府主义者，要么是权力的狂热崇拜者。所有这些举动，均是为了引人注目，带入某些“新鲜的东西”，制造一些“学派”。

7. 在这个对于法律乃至法学特别危险的时刻，古斯塔夫·拉德布鲁赫虽然也与其同时代的同仁一道受到了新康德主义、社会学、社会主义以及青年运动的影响和激励，但却能扭转逆境，以便在矛盾的极端之间寻找出一条道路。他引导人们既反对乐观主义，也反对悲观主义；既不认为有一个完美的未来社会，也不放弃哪怕一丝一毫改善未来社会的任务。那种在学术和政治上都同样荒唐地趋向“要么全有，要么全无”（Ganz oder gar nicht）、“不成功，便成仁”（aut Caesar aut nihil）的渴望，连同德意志民族精神中崇高豁达而又易于陷入忧郁的特有尝试，都是他极力想避免的。因此，他以“方法二元论”（Methodendualismus）来勾连（但不是掩盖）学术上的对立，并且尝试着利用业已经过理论论证的价值相对主义（带着道德责任感，即不过分高估通过政治信仰所认可的价值）来厘清社会生活中的矛盾，寻找救治的药方。

他不屈服于其所处的时代的精神现状，而不过是把它看作一个既存的处境，他既不否定也不美化这个处境。他想以这种方式，不提出绝对的真理的主张，而为他的时代就法哲学的认识及指导作用提出某种相对的可能性。他之所以能够做到这一点，乃是因为他越过了已经变得颇有疑问的19世纪末的思想资源，而直接反思那些对于人类世界起着奠基作用的18世纪的精神遗产。

（1）他把“真理”解释为“理性”（Rationalitaet），即在明晰的、批判性的康德哲学意义上所讲的合理的精神性（vernuenftige Geistigkeit）。不仅如此，他还借用古词“正确性”（Richtigkeit, rectitudo）来阐明上面的概念，把它解释为一种具有实践指向、型塑功能、改革和教育作用的理性；这个理性，并不想建构一个由彼此不相矛盾的逻辑命题所构成的理论世界；而是创造一个“更为理智的”

环境，以便通过洞观达到清朗，并由此在最佳意义上做到“澄明”。因此，拉德布鲁赫处在这样的线索上：在法哲学上，这条线索中经克里斯蒂安·沃尔夫（Christian Wolf[1]）和托马修斯（Thomasius[2]），而远溯至普芬道夫（Pufendorf）和莱布尼茨（Leibniz）。

（2）此外，他把人道既看作所有科学态度所必需的第二等最重要的美德，又看作一种灵魂－精神上的开放性和经验主义的勤谨态度，这种经验主义的勤谨态度绝不疏离于人类事务，它以毫无拘束的观察自由来体悟现实，并把它作为现实之在者予以尊重；但它同时也愿意教化和陶冶、认识自身和了解他人；它以对人性善及其确定性的不加反思的信仰为基础，而在历史－社会的世界中发挥自己的作用。因此，他作为法律思想家，继续沿着一条可以用李斯特（Liszt）、格罗尔曼（Grolmann[3]）、霍默尔（Hommel[4]）、宋伦菲尔斯（Sonnenfels[5]）、贝卡里亚（Beccaria）等名字来标示的路线，而且这条路线中经孟德斯鸠

1 克里斯蒂安·沃尔夫（Christian Wolf，1679—1754年），18世纪德国哲学家、数学家。其继承和弘扬的哲学体系（莱布尼茨—沃尔夫体系）对康德早年思想曾产生重大影响。——译者注

2 托马修士（Christian Thomasius，1655—1728年），德国法学家。著有《神法学入门》（1688年）、《自然法和万民法基础》（1705年）等。——译者注

3 格罗尔曼（Karl Ludwig von Grolmann，1775—1829年），德国刑法学家，刑事社会学派的先驱之一。著有《刑事法科学原理》（1798年）等。——译者注

4 霍默尔（Karl Ferdinand Hommel，1722—1781年），德国刑法学家。著有《刑事法的哲学思考》（1784年）等。——译者注

5 宋伦菲尔斯（Josef von Sonnenfels，1733—1817年），奥地利公法学家。著有《警察、行动和财政的基本原理》（1765年）等。——译者注

（Montesquieu）、洛克（Locke）、菲兰杰里（Filangieri）可以追溯至伊拉斯谟（Erasmus[1]）以及更早一些时候的法国的道德学家们。

（3）对于此在之在者（Daseienden）以及现实事物的天生喜好，对于特别之事物和独具个性之事物的历史学家式的好奇心，总之，对于经验之物的喜好和好奇，这一开始就决定着拉德布鲁赫的哲学活动和研究工作。因此，他从不放弃通过历史经验和社会试验来验证自己的合理性主张（理性命题）。在他看来，"法律上的人"首先应该是一个自然－历史意义上的"个人"，是有趣的、值得珍爱的单个体，一个（由上帝神所创造出来的）"造化体"（Geschoepf）；其次这种人才属于一种"类型"，一个类群的代表，但绝对不是那种非个人化的、无血无肉之群体的一分子。因此，在拉德布鲁赫看来，离开法律史的法哲学是不可能存在的。不过，因为他也看到了人类社会结构的"典型类别"，即"不同之种"（differentiae specificae）的"相近之类"（genus proximum），所以他偏好比较法和一般法理论，把它们看作可以由此获得（但只是暂时有效的）经验法则的经验评估之典范。这样，他又继续沿着一条由培根（Bacon）开创的线路在行走，这条线路经由霍布斯（Hobbes）、维柯（Vico[2]）、孟德斯鸠，再通过莱布尼茨、普芬道夫下沿至费尔巴哈（Feuerbach）、耶林和李斯特。

1 伊拉斯谟（Desiderius Erasmus，约 1466—1536 年），荷兰人文主义学者，北方文艺复兴运动中的重要人物。著有《愚人颂》，影响深广。——译者注

2 维柯（Giambatista Vico，1668—1744 年），18 世纪意大利哲学家、人文主义者。著有《新科学》。——译者注

（4）最后，在为学和为人的基本态度上，其所具有的宽容、自我批判的品行和对人类之爱，也接近于18世纪的风格。这种品行使他感受到：哲学上和政治上的对立，法律上的争执，艺术上表达形式的各式各样，并不是什么缺点，反而乃是充盈的表现。他对法的矛盾整体上不做主观的判断，就像对任何具体的“纠缠不清的纷讼”（casus perplexus），既不作片面的评判，更不作偏颇的贬损；而对概念上的疑难只是原则上搁置在一边，对社会纷争的事实予以承认，对相反立场的意见认真看待并予以重视。拉德布鲁赫的这种宽容的态度，就像宇宙信仰、莱布尼茨的普遍主义和固有的宗教一样，赋予了其思想上的深度，也使之与那些对于重大的精神价值问题采取安于现状的、甚或寂静主义（无所作为）的立场相区别开来。在这里，大家可以发觉拉德布鲁赫与在近代最具思想家气质的诗人歌德（Goethe）具有思想上的亲缘关联：歌德的智慧警句使拉德布鲁赫整个一生的学术思想趋向正统，并对此加以引导和限制。

歌德对于提问视角之抽象和先入为主之评价判断的反感，他愿意赋予一切现实之在者有此在权（das Daseinsrecht）的勤谨态度，他不仅尊重这种现实的在者，而且也坚决地反对那些看起来属于反理性的、非人道的、片面的乃至病态扭曲的现实在者之美德，他对于人类确定性之不可动摇的信仰，即只在有生之年发挥自己应有的作用，研究那些可以研究的东西，对不可研究者的悬搁也予以尊重——所有这些态度就构成了拉德布鲁赫的榜样，他努力在自己一生的进程中按照这个模式来描绘宽广博大的生活图景；也正是这样一个人类形象，是他一直所崇敬和热爱着的，也是其以学习的勤谨态度去渴慕和感悟着的。拉德布鲁赫的精神正是建立在这个人类形象的基础之上，并且以此来调整其行为的。

职是之故，还不能仅仅根据拉德布鲁赫在他那个时代对哲学、政治学、法学和社会学的争论中所采取的立场，来窥见作为其文字作品和政治活动之思想基础的内在精神特性；其实，歌德的诗歌中所存在着的东西，已形成了拉德布鲁赫精神特性极其内在的基础。因此，只有了解歌德诗歌的本性，也才可能认识拉德布鲁赫思想上的统一性；歌德的诗歌像一条看不见的、交织着繁复精致丝线的纽带，把拉德布鲁赫的思想和行为联结在了一起。

二

在吕贝克法律管辖区域内，吕内堡（Lüneburg）地区公文中，目前所找到的最初记载，是由汉萨同盟城市政府所作的正式登录汇总（1586 年），其中记录有农民家族拉德布洛克（Radbrock）的情况，日后吕内堡同一姓氏的议员世家正是该家族的一支。从这一家族兴起的名人有：吕内堡议会药剂师兰贝特·拉德布洛克（Lambert Radbrock，古斯塔夫·拉德布鲁赫的第二个名字就是根据他的名字取的），沙尔内贝克修道院[1]院长亨利希·拉德布洛克［Heinrich Radbrock，他稍后成为路德教派的追随者，于 1529 年与“赫尔曼·普拉伦（Hermann

1 沙尔内贝克修道院，德文名称为 Kloster Scharnebeck，属于吕内堡管辖的修道院之一。——译者注

Prallen）的女儿”结婚，并作为吕内堡历史上第一位新教派牧师，于1536年逝世]。

由这支家族衍生出来的，与古斯塔夫·拉德布鲁赫血源较近的祖先定居于现在石勒苏益格-荷尔斯泰因州（Schleswig-Holstein）的雷默尔庄园（Gut Remmel）。在此地，其最早的先祖曾担任过丹麦王国的邮政局长和政府文秘官。这一支系的其中的一位后人作为商人则在基尔（Kiel）定居下来。拉德布鲁赫的祖父生于1811年，他与约翰妮·卡塔琳娜·施特鲁弗（Johanne Catharina Struve）结婚，于1872年去世。其儿子亨利希·格奥尔格·伯恩哈德·拉德布鲁赫（Heinrich Georg Bernhard Radbruch）生于1841年，定居在吕贝克（Lübek）的弗累施豪尔街（Fleischhauerstrasse），在此开办有自己的买卖铺。他于1867年与糕饼店主威廉·普拉尔（Wilhelm Prahl）与其妻弗里德里克［Friderike，生于德尔林（Derlien）］之女爱玛·普拉尔（Emma Prahl）结婚[1]。

作为拉德布鲁赫-普拉尔夫妇的三儿子，古斯塔夫·兰贝特（拉德布鲁赫）于1878年11月21日诞生在父亲家中。年长其10岁，在其父亲的店里帮工的哥哥赫尔曼（Hermann）于1936年去世。他唯一的姐姐阿尔里妮·拉德布鲁赫（Alrine Radbruch）生于1872年，终身未嫁，至今（按：1955年前后）还住在艾肯佛尔德（Eckernfoerde）。像他的所有先祖一样，古斯塔夫接受了基督教新教路德教派的洗礼。他最初在主张以宗教信仰为教育基础的布塞纽斯博士（Dr. Bussenius）

1 对柳迪娅·拉德布鲁赫（Lydia Radbruch）提供家庭沿革资料，谨此表示感谢。

所掌管的文科中学预科班上学，之后他转入重视人文主义教育的卡塔琳娜文科中学（Gymnasium Katharineum）。在这所中学，他于1898年春季以“甲等全优”（primus omnium）的成绩完成中学的毕业考试[1]。

路德教派的良心美德，人文主义的养成教育，汉萨城市市民的独立感情，正派的商人家庭传统所带给的精确、守时的熏陶，冷静的实事求是的精神[2]与天生的艺术家的敏感气质的幸运结合（表现在对于文学创作、造型艺术特别是戏剧的喜爱），这些都构成了拉德布鲁赫大学时期的精神和伦理基础，他于1898年夏季在慕尼黑大学开始了大学生活。

在大学里，语言学和艺术史对他有强烈的吸引力。他终其一生都注意保持着对于与诗歌[3]和绘画有关的问题，特别是对中世纪和现代大师的版画进行研究的兴趣。而与这项兴趣相随的则是其义务感：它根基于知识人对于社会责任的早熟的意识，同时也是他所深爱和崇拜的父亲的期望。而且他父亲直接为他树立了榜样，指引他如何能够

---

1 （拉德布鲁赫）《个人档案》第4—5页。

2 拉德布鲁赫于1927年5月22日在给本编者（按：沃尔夫。下同——译者注）的信中写道：“我很幸运正好来自德国的东北角，假如追溯起源的话，我的家族则来自下萨克森人的血统；而且我感觉到……这个起源就像一座水库，使我从中可以汲取巨大的能量，健全地反对……那种‘精神上的’自负，反对精神上骄傲的倾向。”

3 在吕贝克高中学习的最后一年，他就开始写诗，这些诗作让抒情诗人卡尔·布塞（Karl Busse）阅读过，而他在莱比锡大学的几个学期的诗作则发表于《柏林大学学生诗歌年刊》（Musenalmanach Berliner Studenten）和费尔哈根与克拉辛主编的《月刊副页》（Velhagen u. Klasings Monatheften）中，参见《抒情的生活随从者》（“Lyrisches Lebensgeleite”），第203页。

把精神上的情趣与一种务实的市民阶级的职业结合起来；拉德布鲁赫个人的证明材料表明：促动其对于大学各院系基本问题的智识上的热心，大多归结为父亲的引导。

在慕尼黑，特别[1]是路约·布伦塔诺（Lujo Brentano[2]）和他那独具一格的课程《作为科学的国家经济学》（Nationaloekonomie als Wissenschaft）给拉德布鲁赫留下了深刻的印象；通过这个讲座，拉德布鲁赫第一次开始思索经济问题，获得了一些奠基性的观念。布伦塔诺的思想把社会政策作为所有国民经济考量的一项确定方向的任务，因此也作为这种考量的社会化取向；但是，布伦塔诺却又把这种社会化取向与自由主义的原则，特别是以个人主义原则为基础的自由贸易的要求结合在一起。拉德布鲁赫后来关于国民经济的思想也一直徘徊于具有自由主义腔调的社会主义和进行社会控制的自由主义这二者之间。在莱比锡大学三个学期中，他以严谨的学习方式开始了地道的法律学习[3]。但是（拉德布鲁赫的）这种学习并不局限在必须消化法学教材；而是在莱比锡大学法学院历史上最光辉的时期，把更大的热情好

1 此外，他也听贝希曼（Bechmann）的《罗马法导论》和洛茨（Lotz）的《国民经济学》。

2 路约·布伦塔诺（Lujo Brentano，1844—1931 年），德国经济学家。著有《当代的工人行会》（1871—1872 年）等。因强烈反对德国军国主义，1927 年获得诺贝尔和平奖。——译者注

3 除了佐姆（Sohm）及宾丁（Binding），他还旁听哲学家威廉·冯特（Wilhelm Wundt）、历史学家兰普里希特（Lamprecht，一译“兰普雷茨”）和国民经济学家卡尔·比希尔（Karl Bücher）的授课。

奇投入在把握机会，用许多伟大的法律思想家的基本理论来培养自己。过后很久，他还继续称道鲁道夫·佐姆（Rudolph Sohm[1]）的教会法讲座是他在莱比锡大学学习期间印象最深刻的课程[2]；而他也一直信守着佐姆有关基督新教教会与教会法之间存有内在矛盾的基本主张，信守着他强调过的观点：那些精神上存在着的，而非在法律上存在着的所谓“肉眼看不到的精神聚会”（ecclesia[3] invisibilis）是真正的耶稣基督教会。除佐姆外，卡尔·宾丁（Karl Binding[4]）的课程，由于混合着逻辑学、修辞学、自视甚高以及对其实际的或假想的对手做激烈的论战等少见的特征，使拉德布鲁赫感到厌恶；但是宾丁那广博的法律史学问和体系建构的巨大能力却也一再地使拉德布鲁赫受到吸引。但是，当这位古典刑事学派的奠基人有一次在授课时警告他的听课学生一定不要阅读冯·李斯特的刑法教科书时[5]，这反而激起了拉德布鲁赫这位一向主张“应当倾听和分享他方意见”（audiatur et altera pars）

1　鲁道夫·佐姆（Rudolph Sohm，1841—1917 年），德国法律史学家、教会法专家。著有《法兰克王国与法院体制》（1871 年）、《教会法史纲》（1887 年）等。——译者注

2　“在我的学生时代，它（佐姆的教会法讲座——译者注）对我的印象最强烈。我还保存着他的教会法授课所做认真记录的课堂笔记。对于其教会法的基本命题，任何一个法律思想家都必须以此为前提，因为这些命题事实上指明了所有法律的问题域。”（1944 年 4 月 17 日写给本编者的明信片）。

3　拉丁文 ecclesia，是古代作家普里纽斯（Plinius Caecilius Secundus，62—113 年）笔下的古希腊民众大会。——译者注

4　卡尔·宾丁（Karl Binding，1841—1920 年），德国刑法学家。著有《德国刑事诉讼法大纲》（1881 年）、《德国通用刑法教科书》（1892 年）等著作。——译者注

5　见艾伯哈德·施密特（Eberhard Schmidt）的文章，载《莱因—内卡尔报》（Rhein-Neckar-Zeitung）第 151 期，第 7 页（1949 年 11 月 20 日）。

的人之内心的矛盾，也勾起其阅读这本“危险的”著作的兴趣。随后，他作出决定：转学到柏林去，以便在那里听弗朗茨·李斯特的课，李斯特关于刑事政策的观点比宾丁的看法更符合他的胃口。

拉德布鲁赫作为学生把在柏林的最后两学期，完全用于学习刑法和法哲学。对于后者的兴趣则源于他对鲁道夫·施塔姆勒著作的阅读，施塔姆勒使他弄明白了作为法哲学思考之基本原则的“方法二元论”，这个方法二元论日后也成为拉德布鲁赫法哲学的两个基本方法原则之一。他终身坚持这样的观点：认为在实然与应然，经验与认识二者之间存在着区别；这个区别最初由康德所揭示，在法律世界领域则由施塔姆勒加以发展成体系化。这个区别植根于我们人类思考的基本机能之中，为此它强迫我们，对于自然和历史的“现实”和我们为之赋予“价值”或“效力”的东西，分别采取不同的认识方法。因此，法与法学、实在法与正确法、法的现实与法的理想之间在方法上都必须加以区别；它们之间的鸿沟既不能通过情感也不能经由意志来予以弥合，而只能通过某种（辩证的）意识加以弥合，（甚或）予以克服。

在弗朗茨·冯·李斯特的研讨班上，拉德布鲁赫这位法学博士候选人认识到了从“纯法学的专业”（Nur-Juristische）走出而向法学工作领域以外伸展的现实，而这也正是他早就企求的。哲学命题、法学概念、历史事实、心理实验、医学经验——所有这些都与那位出生于奥地利的“现代”刑事学派或“社会”刑事学派领袖之犀利、精明和仁爱精神相得益彰，促动其去从事刑事政策上和立法上的改革工作。对于这项改革工作，拉德布鲁赫很快也开始产生了炽热的兴趣，在后来担任司法部长期间继续引导着刑事政策和立法的改革。同时，在这个讲座中，因为李斯特的风格自由洒脱、无拘无束，所以拉德布鲁赫还学会了面对一切时代潮流时应当采取不保守的态度。在具有各种不同风格的年长的学人圈中，如爱德华·科尔劳施（Eduard Kohlrausch），亚历山大·格拉夫·z. 多纳（Alexander Graf zu Dohna[1]）以及在研讨班上其他进修和深造李斯特学说的人，拉德布鲁赫分享了李斯特那种不凡的人格所特有的魅力；在同这么多具有相同追求的人的相互砥砺的过程中，拉德布鲁赫也经受到了自己能力和天赋界限的考验，这个考验对于他的身心是颇为有益的。

所有这些学人聚首在一起，是出于对严格的社会责任的统一的认识，这一责任同任何刑事司法紧密地联系在一起；同时，他们都逐渐感受到一切判决和刑罚中存在着的最终的“问题度”（Fragwuerdigkeit）；这个问题度正是李斯特周围形成的圈子内诸人具有狂热的、乐观的改革热情的固有根由，也是其批判性的界限。后来，从这个问题度出发，拉德布鲁赫总结出了这样一句被这个时代的人喜欢并一再引用的名言：“只有那些具有内疚之心的法律职业人，才能成为好的法律职业人。”与所有令人困顿的听天由命和徒劳无益的怀疑态度不同，拉德布鲁赫这里所表现出的是另一种心情，而这也正是他当时有意识地去结识的那些年轻一代作家们所共同感受的。这些年

1　亚历山大·格拉夫·z. 多纳（Alexander Graf zu Dohna，1876—1944 年），德国法学家。——译者注

轻作家不仅学习豪普特曼、戴默尔（Dehmel[1]）和霍尔兹等人去注意和重视“新题材——大都市、无产阶级、革命”，而且也通过脱离由盖贝尔（Geibel[2]）和海泽（Heyse[3]）所代表的、在当时占主导地位的、肤浅的市民阶级的唯美主义［当然也拒绝了由斯特凡·格奥尔格（Stefan George[4]）和属于“艺术之页”（Blaetter fuer die Kunst）圈子内的年轻作家们的作品］，试图对抗那种或多或少有意识地模仿古典作品的倾向，以便重新发现诗歌创作的社会功能；但是，这些刚刚开始的工作大多仍停留在纯粹抱怨和责难的阶段。

令拉德布鲁赫对弗朗茨·冯·李斯特感到最为赞叹、最吸引他并令其感到鼓舞的，当然是李斯特本性上的责任感（Verbindliche）和其行动中的不忍之情（Verbindende），因为这也正切合拉德布鲁赫自己独特的生命气质。它是一种力量，能够使客观的“事物的性质”（Natur der Sache）和“物之本质”（Wesen der Dinge），连同人

1　戴默尔（Richard Dehmel，1863—1920 年），德国诗人。早期作品有自然主义倾向。著有《解救》（1891 年）、《两个人》（1903 年）等。——译者注

2　盖贝尔（Emanuel Geibel，1815—1884 年），德国诗人、戏剧家。其抒情诗《时代的呼声》（1841 年）、《六月歌谣》（1848 年）和《晚秋的叶子》（1877 年）代表着当时古典主义、理想主义和无主题的审美趣味。——译者注

3　海泽（Paul Johann Ludwig von Heyse，1830—1914 年），德国作家。传统主义慕尼黑诗社的杰出代表。1910 年获诺贝尔文学奖。著有长篇小说《世界的孩子们》（1873 年）。——译者注

4　斯特凡·格奥尔格（Stefan George，1868—1933 年），德国抒情诗人。曾成立了自己的文学流派，称为“格奥尔格派”。该派刊物为《艺术之页》。他本人著有《颂歌》（1890 年）、《新的帝国》（1928 年）等。——译者注

类人格之主观要求，与人的“气质与环境”相匹配。这种力量使李斯特有可能作为法律教义学者，发展出一套在逻辑上非常明晰的、有严谨结构的现代刑法之概念体系；同时又作为刑事政策学家，把教义学与合目的性的改革方案结合起来，并以实际的方式为立法的建议提供系统的知识。因此人们相信：李斯特作为政治家，能够将自由主义与社会主义糅合起来；作为教育家，他能够将人文主义和现实主义因素糅合起来；作为思想家，能够将哲学概念和心理学概念糅合起来。而且，他还能够分别清楚地强调其重要性，能够以从容不迫的心情来面对一度存在的矛盾，喜欢勾勒出主要想法而不急于作出最后的决定，喜欢去探索、去试验而不贸然绝对作出一个指导其当时尝试性活动安排的公理——简言之，他喜欢思考矛盾的命题，喜欢在每天不断变换的要求之紧张关系（张力）中生活。尽管李斯特的学习意愿和对（他人的）经验的倾听愿望到了极端的程度，但同时他对于自己已认识到的部分目标却又以坚定的意志来加以遵行和维护；他在任何商妥的场合，都从不放弃自由、人道和爱真理这些基本原则。

拉德布鲁赫在大学学习期间所获得的、宽广厚实而又多层面的精神教育的痕迹，特别清晰地反映在其最初的两本部头较大的学术著作之中：一篇是博士论文，题为《相当因果论》（Die Lehre von der adaeguaten Verursachung），他以这篇论文于1902年5月27日获得“甚优”（magna cum laude）的成绩在柏林大学通过难度很高的博士答辩要求；另一篇是论刑法上的行为概念的教授资格论文，他将这篇论文于1903年秋天提交给海德堡大学法学院[1]。

这两篇论文早在几年前即完成了准备工作。拉德布鲁赫于1901年5月20日在柏林高等（上诉）法院的考试委员会那里以“良好”成绩通过其第一次法学国家考试之后，直到1901年8月31日被任命为吕贝克的候补公务员（Referendar），这期间他在柏林多逗留了几个月，每天坐在大学的刑事法学研究室中阅读和构思。一直到1902年1月初，他在吕贝克地方法院工作，担任检察部门的候补公务员，在这里他得以了解刑事司法的实际运作过程。他利用一次为期数周的休假来准备其博士学位论文。由于从一开始就没有打算进入司法部门供职，拉德布鲁赫在候补公务员实习期满后，于1903年年初申请为期一年的休假，以便专心写作其教授资格论文。

对于拉德布鲁赫的这篇博士学位论文，我们今天较感兴趣的不是他在法教义学上所得出的结论，而是他所选择的课题和他所运用的方法。从许多决定结果的因素中，遴选出一组因素，这些因素基于正义与合目的理由，被认为对于结果（一般）“应当”负责；像这样来解决因果关系之责任基础的尝试，除拉德布鲁赫外，也被许多刑法乃至民法方面的专家所采用。他们所有的人对于“决定条件理论连同个别化的理论都同样不满”，而渴望“找到一个对于法律而言有可适用性的、较严格的因果概念”[2]。不过，在从事这项研究尝试的过程中，拉

1　申请标明的日期是1903年10月17日，校长及大学（教授）评议会于11月28日表示同意，文化部批准的时间是1903年12月4日。见（拉德布鲁赫）《个人档案》第1—6页。

2　卡尔·恩吉斯（Karl Engisch）：《因果关系作为刑法上的事实构成的标志》（Die Kausalitaet als Merkmal der strafrechtlichen Tatbestaende），1931年版，第41页。

德布鲁赫的思想特征突出地表现出来了。也就是说，一方面，在他看来，根据其方法二元论的立场，所有（在自然法则上有因果关系的）结果之决定条件，不可能认为对责任的认定（在应然的法律上）也同样有拘束力。但另一方面，在他看来，这也一样是不可能的：就像奥尔特曼（Ortmann）、比尔克梅耶（Birkmeyer[1]）和宾丁等人所做的那样，以对因果律的本质采取哲学上的不可知的态度，挑选出若干个“特别相似的”决定条件，并将之假定为“原因”：他们时而以“最后的”决定条件，时而以“最有效的”决定条件，时而又以“导致结果产生的绝对影响力”的决定条件当作归责根据的条件。但拉德布鲁赫也没有简单地追随其前人 I.v. 克里斯（I.v. Kries）的观点，把存在于“普遍倾向”中导致“此类结果”的“一般适宜的”决定条件视为归责根据意义上的“原因”；相反，他是以当时情况下特殊种类的“具体的结果”为根据的[2]。这样，他就开始实施了从一般化形式概念到个别化概念的步骤，踏上了由逻辑－体系化的观察方式通向心理学－分门别类的观察方式之路，这对于他日后的进一步思考具有决定性作用。同时，他选择一个恰好在法教义学与法哲学，在自然科学与人文科学二者之临界点的论题，也意味着其踏入那个特殊的问题域（Problematik），该问题域是以“海德堡派”的新康德主义为特征的，

1 比尔克梅耶（Karl von Birkmeyer，1847—1920 年），德国刑法学家。曾担任过罗斯托克、慕尼黑等大学的刑法学教授。——译者注

2 参见 G. 拉德布鲁赫：《相当因果论》（Die Lehre von der adaeguaten Verursachung），1902 年版，第 31 页及以下页。

区别于“马尔堡派”的新康德主义。

拉德布鲁赫在其教授资格论文彻底贯彻了“方法二元论”，其对于刑法体系的建构的影响则是更为原则性的和更为重大的。他一再地想以新的方式说清楚的，并且在与老的教义学者以及同时代的教义学者进行辩论过程中想阐明的，是人的“行动”之二重概念结构现象：人们可以把它说成是意志的因果机能，也可以把它说成是意志的最终内容，视情况而定。正如贝灵（Beling[1]）这位重要的刑法体系建构者一样，拉德布鲁赫也确信：“只要足以确定行为人是有意地从事某种活动以及有意地不从事某种活动，就可以断定某种‘行为’是事先存在着的。行为人意欲何为，对行为的存在与否这个问题并不重要；意志的内容只对罪责的问题具有重要意义。”[2]因此，这里的问题仅仅是有关方法论上的区分，其在思维法则上为自身确立根据；但它在当时已经受到误解，并作为“道德上的冷漠”遭到谴责；后来，有人甚至怀疑它属于是敌视生命（生活）的“唯科学主义”（Szientismus）[3]。在

1 贝灵（Ernst Beling，1866—1932 年），德国刑法学家和法哲学家。曾担任过布雷斯劳、吉森、图宾根和慕尼黑等大学的刑法、刑事诉讼法和法哲学的教授。在刑法注释和犯罪构成论方面作出了重要贡献。著有《犯罪论》（1906 年）、《犯罪事实构成论》（1930 年）等。——译者注

2 恩斯特·贝灵（Ernst Beling）：《帝国刑法概论》（Gundzüge des Reichssrtafrechts）（第 2 版）第 38 页；关于此点，见拉德布鲁赫，《相当因果论》（Die Lehre von der adaeguaten Verursachung），第 130 页。

3 汉斯·韦尔策尔（Hans Welzel）：《刑法上的自然主义和价值哲学》（Natrualismus und Wertphilosophie in Strafrecht）1935 年版，第 64 页及以下页。特见该书第 65 页，A，9。

他们看来，拉德布鲁赫似乎根本没有理解，也没有尝试着去“最终超然界定因果关系”[1]——即使他这样做了，但也不愿意去承认它！这些误解常常要么是以对各种不同的方法采取不允许的混合手段为其基础的，要么是以对某一种独有的方法采取不可验证的绝对化手段为其基础的；而这两种方式却正是拉德布鲁赫所想要克服的。由此看来，人们在这里混淆了“实践”与“理论”之间、“结果”与“原因”因素之间、“伦理”认识与“存在（本体）”认识原则之间的差别；他们或者任选其一，然后利用“内容”来对抗“形式”，利用“事实”来对抗“价值”，甚或利用“灵魂”来对抗“精神”——他们无视方法二元论中的辩证关系，去在差别性中把握统一性。人们在靠康德哲学的遗产维持其精神生命时，却又对拉德布鲁赫在法学上试图应用康德之哲学见解加以否定，这在今天属于哲学方法论上的一种明显退步。但是，我们对于那些庸俗的本体论和唯心论，对于近20年来（按：指30—40年代）以生机论和活力论口号标示的尝试，对于以人种学和民族学为基础发展而来的一种法律职业人类学，大可不必太认真地对待；而对于由反神学的怨恨所成长起来的所谓大众“生命”哲学则更是如此。重要的是，我们不能把这一类所谓的“哲学”同埃德蒙·胡塞尔（Edmund Husserl）的精确的现象学联系起来；也不能把它与马汀·海德格尔（Martin Heidegger）有关存在的诠释联系起来；它超越了从柏拉图到黑格尔的西方国家形而上学传统，追溯至前苏格拉底学派以寻求哲学

1 汉斯·韦尔策尔，《刑法上的自然主义和价值哲学》（Natrualismus und Wertphilosophie in Strafrecht），第65页。

活动的源头。诚如不久前马克斯·缪勒（Max Müller）所指出的[1]：完全清楚的是，海德格尔的哲学诠释，与任何纯粹活力论的或现实主义的所谓“存在哲学”（Existenz-Philosophie）之间没有关联，因为后一种（诸如此类的）哲学希图处在“意识哲学”和“价值哲学”的对立面。

三

1903 年 12 月 16 日，古斯塔夫·拉德布鲁赫在结束其试讲之后，即得到了海德堡大学法学院讲授刑法、诉讼法和法哲学的授课委托许可（die venia legendi）；其证书是由当时的法学院院长卡尔·冯·利林塔尔（Karl von Lilienthal[2]）[3]亲手交付的；利林塔尔系李斯特第一代的掌门弟子，他也曾多方面地参与刑法改革的理论准备工作。与这位富有经验的同事——一位具有沉静、高尚而友善等特质，并且对于年轻人的特性有体贴入微理解的人一起共事，拉德布鲁赫逐渐熟悉

1 参见马克斯·缪勒（Max Müller）：《当代精神生活中的存在哲学》（Existenzphilosophie in geistigen Leben der Gegenwart）1949 年版，特别注意第 80 页及以下页和第 112 页及以下页。

2 卡尔·冯·利林塔尔（Karl von Lilienthal，1853—1927 年），德国刑法学家。师从弗朗茨·冯·李斯特，是除李斯特外，在第一次世界大战前后（1881—1927 年）德国刑法改革“现代”学派的一位最有影响的代表人物。曾担任过瑞士伯尔尼、德国马尔堡和海德堡等大学的刑法和刑事诉讼法的教授。——译者注

3 （拉德布鲁赫）《个人档案》，第 8 页。

了这个学术岗位[1]。最初两年他主要讲授刑事诉讼法和民事诉讼法；从1905—1906年冬季学期起，他又开始讲授刑法和《当前所面临的刑法改革的任务》（Aufgaben der bevor-stehenden Strafrechtsreform）的特选课程（后者有52人听课）；此外，他也讲授过法院组织法、强制执行法及刑事政策学；最后，他还开了一门名为《普鲁士的法律发展》（Rechtsentwicklung in Preuβen）的宪法史课程[2]。

在准备上述法学专业课程的过程中[3]，拉德布鲁赫应当时帝国司法部的提议而参与了《德国与外国刑法的比较阐释》（Vergleichende Darstellung des Deutschen und Auslaendischen Strafrechts）这项工作的一系列经过细心推敲的、有关教义学和法律政策的研究。这套丛书于1908—1909年分15册出版，也受到了外国法学者的多方肯定与认可。拉德布鲁赫所写作的论题包括："结果归责""法定的刑罚变更"，"堕胎罪"和"遗弃罪"；与这一段的研究相联系，他的题为《助产与刑法》（Geburtshilfe und Strafrecht，1907年）的刑事政策文章也得以出笼。

拉德布鲁赫在海德堡这10年的生活和教学经验，不仅给他带来了学术经验的增长，而且他整个的精神生命也不知不觉地趋向成熟。正是在这一段时间，通过与文德尔班（Windelband）、李凯尔特

1　自1905年10月1日起，他被委派管理法律系图书馆，由此获得每年1200马克的报酬（《个人档案》，第12页）。

2　（拉德布鲁赫）《个人档案》，第23—24页。

3　在1907年2月，他受患病的利林塔尔的邀请代替其上刑事诉讼法的课程（《个人档案》，第16页）。

（Rickert[1]）、拉斯克、恩斯特·特勒尔奇（Ernst Troeltsch）以及马克斯·韦伯之间的交互影响，拉德布鲁赫得以领略到德国哲学思想之最优良传统的创造性深化阶段。拉德布鲁赫的（理论）出发点与这些传统是相互协调的，这样他就能够没有阻碍地得以展开。在海德堡，他发现了（至少作为一个哲学论题，作为一个伦理学－教育学的要求）比其他任务更刺激他去感受，与他的门人和大学生们共同型塑并加以流传的东西：文化。其实，还远远不只这些，因为这个兴起了“西南德意志新康德主义”和“价值哲学”的“伟大的”海德堡文化，同时也是那些对所谓“最高的民族精神财富”（尽管它常常被廉价地使用，甚或作为搪塞的借口）满怀着肃然起敬的羞怯和纯正的责任意识的人们所关心的事情。

拉德布鲁赫不仅向这些学者们学习，而且还与他们共同生活；在这第一次海德堡的工作时期，他找到了自己精神的存在形式，这个形式在主要方面确定了其后来生活的发展；它同时也为他提供了方法论上的思考手段，使之得以吸收多样态的思想内容且将它们转化为自己的思想产品。对拉德布鲁赫而言，从施塔姆勒、李斯特通向李凯尔特、拉斯克的道路，绝不是一条弯路，也绝不意味着是一种内心的逃避，而是对长期以来积淀下来的基本认识和遵循的原则的深化与拓展。施塔姆勒的形式上的方法二元论，此时成了拉德布鲁赫的思考模式，依此使文化价值及其效力的辩证充

1 李凯尔特（Henrich Rickert，1863—1936 年），德国哲学家，新康德主义弗赖堡学派的主要代表。著有《哲学体系》（1921 年）等。——译者注

实得以规整和理解：这里，不再是概念与逻辑假设的二律背反，而是意识形态和目的论要求的现实历史－社会学之矛盾进入哲学（思考）活动的前台。他通过李凯尔特学习到的是：某些文化价值乃是一切科学，特别是那些与该价值有关联的科学的出发点；以此为出发点的法学被理解为“关涉价值的”（wertbeziehende）科学，一种以“法律价值”为指向的科学。从拉斯克那里，他继受了“结构纠结”（Strukturverschling-ung）的思想；这种结构纠结把经验的、逻辑的、直觉的和规范的要素不能分解地组合在一起，并将其融入所有历史性的人文科学的概念之中。特勒尔奇和韦伯为他指明了所有法律事象（juristische Sachverhalte）与世俗化的神学之间的密切联系，同时也指明了即使某些社会学范畴的逻辑思考也仍具有的依赖性。

对于这些新知识，拉德布鲁赫在他的另两本著作里作了应用。在1910年出版的《法学导论》中，他尝试着为学生提供通向法律工作之正确目标的路标[1]。在此，基于法学基本概念整个演变的线索，沿着法学理论发展史的轨迹，综观现代法律生活各个具体领域的问题，他指出了法律和法学自身存在的下述问题域：法律和法学的存在条件，它们两者之间的相互依赖性，它们与相邻学科所处理的问题之间的紧密关联。他勾画出了法律文化的前景，对此，他既保持一贯多角度判断的可能性，但又明白地采取支持社会改革、将法学由僵化的形式主义和空洞的历史主义中解放出来的立场。这本小册子是自拉德布鲁赫

1 在1929年3月出版的第7/8版的序言中讲过此话。

在曼海姆（Mannheim）商事高等学院的授课讲义编辑而成的——就像其他所有较大部头的著作一样，这本小册子同时也是一项艺术创作。本书的目的不仅是严格意义的法律职业人而写，而且也期待引起“各个阶层的文化人”（Gebildeten aller Staende）[1]的兴趣；由此他想努力克服文化人对一切法律事务所抱持的那种众所周知的排斥态度，并消除人们那种——即使在政治领域也同样如此——总是产生不良影响的、并针对法律职业人的嫌恶感。

4年后出版的《法哲学》使拉德布鲁赫终于在这期间因大学及法学院的建议而被任命为副教授[2]，该著作是基于在柏林的研究准备和在海德堡所获得的精神激励发展而来的一种具有独立架构的法哲学。在他看来，法哲学是将法律作为文化财富来研究的学说，它以文化价值为取向。这种思考路向的目标表现在理论上的一切价值认识之必然相对主义命题（主张）之中。在此，拉德布鲁赫认为，形式上含义明确但内容上空洞的法概念，可以通过与可能存在的、可得想象的并且在历史上不断变化的法律实体内容相匹配而得到充实；这些法律内容是各种不同的、在相应的各式各样政党纲念中实际起作用的社会理想的表现。不过，社会意识形态太多了，正义理想也太多了！所以，他放弃去勾勒一种永远有效的“社会模式”或

1 在1929年3月出版的第7/8版的序言中讲过此话。

2 这是由小范围的大学评议会于1910年1月24日提出申请（《个人档案》，第18页），巴登邦大公（Groβherzog）于1910年2月7日授予此衔（《个人档案》，第26页），1910年2月21日正式任命（《个人档案》，第30页）。

秩序图式（Ordnungsschema），而是去整理并分拣出一些他认为其示范界限有限的模式在文化上的各种可能性。故此，他将彼此间相互影响的、多样态的“正确法”之主张简化为“个人主义的”“超个人主义的”和“超验的”社会模式三种在文化哲学本质上彼此可以清楚划界的立场；任何一般的社会学说均必须要么从个人、要么从团体、要么从某种客观的利益出发，作为其价值预设最终具有决定性的目的。同时，拉德布鲁赫相信：在任何社会模式中，本质上，“法的理念”自身可能表现为两种彼此对立而相互辨证补充的，又与任何法的理想必然协调的因素，即正义和法的安定性；法律制度（就像经常在政治－历史上所可能表现出的那样）必然在它们两者基础上寻求其“效力”的根据。当时他还相信，通过“使法的安定性和正义都同样服从于一个共同的法的理想，不管它是权力、自由，还是文化”，都可以把这两种相互竞争的目标结合在一起。他把这个法的理想归结为一种带有指导性的法律目的的表现。在这一点上，也显示出他的法哲学思考在当时与其所特别尊崇的耶林的社会学派之间的联系，同时也可以看出格尔奥格·耶律内克的影响。

不过，在第一次世界大战爆发前几年的海德堡，对于社会学的兴趣和对哲学的兴趣，都绝对受到同样的重视，在方法论上，随处可见与海德堡的关系。人文科学的社会学理论的代表有恩斯特·特勒尔奇和马克斯·韦伯，尤其是后者，他指引一群富有天赋的学生去对法社会学的问题进行探讨。属于这个社会学派别的，还有那位广征博引、思想轻灵、随时准备对任何形式的传统主义、因循守旧和目空一切进行尖锐批判的哲学家[1]：赫尔曼·坎托洛维奇（Hermann Kantorowicz[2]）[3]。这位生于波兹南（Posen[4]）的学者，自 1908 年于弗赖堡（Freiburg i.Br.）大学取得讲授刑法、法哲学和法学史的授课资格，1929 年被任命为基尔大学的正教授，1933 年流亡到英国，1940 年在剑桥逝世。他作为法学发展史上的最卓越的大家之一，终其一生都是拉德布鲁赫最密切的，也许也是唯一的朋友。这份友谊的客观基础，是那种在法律论战中结成的战友关系，该友谊对于拉德布鲁赫在为人方面也是特别重要的[5]。赫尔曼·坎托洛维奇在 1906 年以格诺伊斯·弗拉菲厄斯（Gnaeus Flavius）的笔名发表了题为《为法律科学而斗争》（Der Kampf um die Rechtswissen-schaft）的宣传

1 “他曾经有许多敌人——不过大多数是直接由于其优点的另一面所致；由于其对有时低估感情的反作用力的理性有炽热的信仰，由于其不谅解别人的虚荣和不实事求是（为此他总是无意伤害一些人），由于其轻信他人而根本不注意别人并不友善的态度，由于其保持不变其年轻时的禀性，他不喜欢变得正襟危坐，而更愿意使自己显得诙谐。”（1929 年 11 月 22 日写给本编者的信）

2 赫尔曼·坎托洛维奇（Hermann Kantorowicz，1877—1940 年），德国法学家，自由法学的代表人物。其代表作除《为法律科学而斗争》外，还有《法学与社会学》(1911 年)、《法的概念》(1958 年）等。——译者注

3 参见古斯塔夫·拉德布鲁赫：《追忆赫尔曼·坎托洛维奇》（In memoriam Hermann Kantorowicz），载《石勒苏益格 - 荷尔斯泰因人民报》（Schleswig-Holst.Volks-Zeitung ）1946 年 8 月 12 日。

4 波兹南（Posen），位于波兰西部的一个城市，曾被德国普鲁士管辖，“二战”后收归波兰。——译者注

5 “就如您所知道的那样，25 年来我与坎托洛维奇一直保持着最亲密的友谊，尽管我们的性情存有差异，但从未妨碍这种友谊，我相信这也正可以说明坎托洛维奇是很不错的人。”（1929 年 11 月 22 日写给本编者的信）

手册；由此，他开启了所谓的“自由法运动”，同时赋予了它的名称。在此，该运动要求扩大法官的自由裁量，以使其免受法律文本或经片面的解释而形成的法律含义的僵硬拘束。这一篇向机械地适用法律、向把法律解释强制推到客观严格论证地位的做法开战的檄文，虽然受到部分学者激烈地反驳，但却得到了实务家们热烈地欢呼。因此，在卡尔斯鲁厄（Karlsruhe）巴登邦高等法院执业的律师恩斯特·弗克斯（Ernst Fuchs，1859—1929 年）[1]，这位在诸多具有自由法思想倾向的法学家中最具思想力的人，也在同一时期参与此项运动：他于 1907 年发表《文书司法与帝王法官》（Schreibjustiz und Richterkoenigtum）一文，于 1909 年刊行那篇（主张原则上以社会学的方法代替教义学的方法的）具有战斗性的文章《注释法学的共同有害性》（Die Gemeinschaedlichkeit der konstruktiven Jurisprudenz）；他于 1925 年以后参与编辑由拉德布鲁赫创办的司法评论性杂志《司法》（Die Justiz）[2]，成为其中的主要编委。

1 恩斯特·弗克斯（Ernst Fuchs，1859—1929 年），德国卡尔斯鲁厄高等法院执业律师，“自由法学”运动的代表人物之一。著有《文书司法与帝王法官》（1907 年）、《注释法学的共同有害性》（1909 年）等。——译者注

2 这是一份属于共和国法官联合会、而由高等行政法院咨询委员会（Oberverwaltungsgerichtsrat）的威廉·克罗纳（Wilhelm Kroner）负责编辑出版的杂志，其责任编辑成员，除拉德布鲁赫本人外，还有吉森（Gieβen）大学的沃尔夫冈·米特迈耶尔教授（Prof. Dr. Wolfgang Mittermaier）以及在法兰克福（Frankfurt a. Main）担任律师的胡果·森茨海默教授（Prof. Hugo Sinzheimer）。拉德布鲁赫著《魏玛时期国家的司法危机》（Justizkrise im Weimarer Staat）一文曾报道其在该杂志工作 7 年间的情况［文载《每日镜报》（Der Tagesspiegel）1948 年 11 月 21 日］。

除了价值哲学的理论意义对于拉德布鲁赫的学术发展的影响，自由法学说对于其作为法律政策学家和后来作为立法者的影响以外，1914 年前在海德堡的时期，对于拉德布鲁赫的思想塑造的影响，还有另外一些激励因素：那就是从政。他代表当地选区担任市议员和孤儿事务委员会的成员，并成为市议会常务委员会成员；他作为进步的人民党成员，致力于各种各样的社会改革。而且，当时他已经逐步忙于彻底改革自由刑执行的事情；为形成自己独立的判断，他于 1906 年 3 月初到 4 月初这一段时间到布鲁赫扎尔（Bruchsal[1]）的男性监狱工作[2]。尽管他的想法与当时政治上的社会主义学说根本不相一致——拉德布鲁赫甚至在 1914 年版的《法哲学》中对唯物史观作了尖锐的批判——尽管他以一种根据古典马克思主义的主张来看属于“修正主义者”而非“激进主义者”的姿态出现，但拉德布鲁赫还是在内心受到一种深层的社会连带感和难以平息的改革渴望所驱使而从事着一种道德 - 实践意义上的行动社会主义（Sozialismus der Tat）的活动。考验他的机会越来越临近，甚至比他自己可能预期的来得更早。

1 布鲁赫扎尔（Bruchsal），现德国巴登 - 符腾堡州的一个地名。——译者注

2 根据 1906 年 2 月 15 日的申请，他于同年 2 月 22 日得到许可，“依申请书所标明的条件，从本年 3 月初至 4 月初，为研究之目的在布鲁赫扎尔男性监狱中工作”。见（拉德布鲁赫）《个人档案》，第 14 页。

四

1914年3月，古斯塔夫·拉德布鲁赫接受柯尼斯堡（Koenigsberg）大学邀请，担任编制内的刑法副教授[1]。他的前任是被聘任为图宾根（Tü bingen）大学正教授的诺贝特·H.克里格斯曼（Nobert H. Kriegsmann），他是一位天赋极高的（法律）教义学家，但不幸在（第一次世界）大战的第一个月就阵亡了。接受这项聘任[2]并移居到东普鲁士后，拉德布鲁赫只有短暂的时间来熟悉新的人际关系。其后不久大战就爆发了。从1914年9月5日起，拉德布鲁赫担任红十字会的自愿伤兵救护员，直到1915年2月21日在柯尼斯堡及德尔绍（Dirschau）的各野战医院工作。在1915年11月9日，即被征募为士兵。两周前[3]，在解除其短暂而未生育子女的第一次婚姻后，他与柳迪娅·申克（Lydia Schenk），一位默美尔的海德克鲁格庄园（Momelsche Keis Heydekrug）主人的独生女结为夫妻。在大战以后的数年中，他参与了在阿尔萨斯（Elsaβ），马斯河（Maas）与摩泽尔河（Mosel）之间以及在摩泽尔河以西的地面战役，并因此而荣获铁十字勋章和吕贝克的汉萨同盟十字勋

1 公布在《巴登新闻》（Die Badischen Presse）1914年3月25日，第147期（晚报）。

2 公布在《巴登新闻》1914年4月8日，第165期，晚报（《个人档案》，第31页）。

3 这个时期拉德布鲁赫在写给其朋友阿尔特曼（Altmann）的一封信中曾描述过下面亲身经历的趣闻："当我在战争中以未受过训的预备役士兵'享受'军事训练时，我必须由一位负责对我训练的勇猛的士官口中，生动而又清楚地听到下列值得思考的话：'各位，我将尽可能照料你们，但绝不可以把这个当作人道！'"

章；最后他被晋升为军官[1]。直到1918年12月9日他才重新回到德国，不久即受聘为基尔大学的副教授，1919年他又被任命为正教授。

1. 在基尔，拉德布鲁赫除教学活动外，也开始积极参与政治活动。参战的经历和战后初期的经验则使他原本在政治方面的多重素质得到特别的激发。他感觉到自己有义务和责任，去积极参与塑造政治生活；在此方面，只要政党纲领预期从事社会生活的实际改革，他也愿意配合一般政党的党纲（纵然自己有不为人知的深刻的历史洞见和更高的精神目标）；因为保护弱者、被压迫者，特别是那些经济上无自主地位的人的利益，是他一贯的行动倾向。这个时候，他加入了社会民主党，特别是参与了社会主义青年团（Jungssozialisten）的组织工作，因为他特别热心带领这些政治青年进入文化问题的领域：这是一个青年生活的自我塑造问题，该问题在战前的青年运动就已经提出并试图加以解决，而如今他在新的基础上从事这个问题。他独自做了一些实践上的尝试。他尝试着把那些与教会脱离或已经脱离其教区的信基督教的社会主义青年团员，以他们期望的"成年仪式"（Jugendweihen）取代（新教的）坚信礼，从而赋予其深刻的伦理内涵、更好的形式和更多的教育意义。同时，他还参与组建大众学院（Volkshochschule），发表很多次演讲，以促使所有阶层的民众熟悉当时还悬而未决的刑法改革的任务，激发其表达意见并参与合作的责任。

无论如何，对他而言，所有努力的最终目的在于使精神与政治相融

1 参见拉德布鲁赫自己对其服役期间的情况所作的陈述。（拉德布鲁赫）《个人档案》，第234页。

合，使政治纲领精神化，同时也维护真正的人类价值。拉德布鲁赫厌恶政治上的任何空想，一贯地追求并严格地遵守被认定是正确的政治目标，清醒地认识到为争取或维护政治权力就不可避免要进行带有战斗性的争论，由此，他作为一个政治家，善于以一种独特的方式不仅率先垂范践履“公平竞争”（fair play）和尊重他人信仰的原则，而且还把这些原则传导给他周围的人。

他的这些活动，也包括其在1920年后成为其所属政党在国民议会党团成员的活动，有助于促进德国社会党的内在转化，使该党由过去几十年中从事批评的在野党一跃成为积极参与政府工作的最强大的执政党；同时，他的活动对该党拟定可行的立法规划也有所帮助。他想把它从爱尔福特（Erfurt）纲领的意识形态凝固中溶解开来，以为它提供一个有弹性的、更重视社会政策－民主的纲领，而不是一个革命－专政的纲领；这个纲领（也作为直接受拉德布鲁赫影响的一项成果）在1925年海德堡的党大会上，被重新制定。

2. 拉德布鲁赫的影响半径逐渐扩大，他在实务上的机会则由于1921年秋被任命为共和国司法部长而得到显著地增多。他因此参与了由当时的总理维尔特（Wirth[1]）主持的内阁。拉德布鲁赫曾以追忆的方式，对这一段事情的经过作过叙述。共和国总统艾伯特（Ebert）“以他那非常有劝说力的，使人感到不可推托的方式”点名要他参加内

1 维尔特（Karl Joseph Wirth，1879—1956年），德国自由派政治家。1921年5月任魏玛共和国总理。希特勒上台后流亡巴黎和瑞士。1948年回国。1955年获斯大林和平奖。——译者注

阁[1]。首先他应接管普鲁士司法部，其任务主要在法院组织领域；不过，由于共和国政府的危机意想不到的发生，也就正好赶上一个机会，即决定“司法部为立法部（Gesetzge–bungsministerium），而不是司法行政部（Justizverwal–tungsministerium）”；但对于这项决定，拉德布鲁赫过后很长一段时间还仍然认为这对他来讲是正确的选择。

拉德布鲁赫最初担心司法部的工作人员会把他看作“党棍”（Parteimann）而有所顾忌；不过，他很快察觉出，在他发表就职讲话后即赢得了大家的好感：他“觉得自己在这里是法律职业人中的一员”，大家以极其敬畏的心情期待着他这位“教授”的到来。他迅速地与未来合作者的工作班子建立了坚实的信任关系：拉德布鲁赫特别是与办公厅主任约尔博士（Dr. Joel），布姆克（Bumke）处长（他后来担任最高法院院长）和茨威格特（Zweigert）处长（他后来担任内政部办公厅主任）具有密切的合作关系。尽管公务千头万绪，拉德布鲁赫仍然对司法部客观、严谨的工作氛围感到满意。他最喜欢做的工作是草拟立法建议。对政治决定，他很少过问；即便如此，他当时仍然不能免于被政治上的对手通过报章进行苛刻的攻击。不过，他还是不得不面对这一点：1921 年 10 月 26 日就职后不久，他必须处理各种不论在内政还是外交上都极为棘手的法律事务；而这只有靠足智多谋、坚定意志和个人威严才能被成功地处理。此外，接着发生的还有

1 《担任部长的岁月》，载拉德布鲁赫：《心灵之路：我的生活片段》（Der innere Weg-Aufri β meines Lebens）；该书是由柳迪娅·拉德布鲁赫根据遗稿编辑出版的（斯图加特，1951 年版）。

正在最高法院进行的，与所谓“卡普政变”（Kapp-Putsch [1]）[2] 相关联的刑事诉讼案件以及终止（作为 1920 年和平协议附款而执行着的）因战争犯罪而提起的刑事诉讼等问题。1922 年 6 月 24 日所发生的外交部长瓦尔特·拉特瑙博士（Dr. Walter Rathenau[3]）[4] 遇刺事件，从根本上动摇了德国内政和外交上的局势，这也是拉德布鲁

1 卡普政变（Kapp-Putsch）是德国反动政治家卡普（Wolfgang Kapp，1858—1922 年）于 1920 年 3 月 13 日发动的旨在反对当时的革命政权，恢复君主政体的政变。由于政变不久，德国社会主义各党发动了总罢工，卡普的叛乱失败。1922 年，他在等待审判时死去。——译者注

2 有关卡普政变案的记录，在《心灵之路》这本书中，编者将之压缩为 2 个页码。该案的原始记录存放在石勒苏益格（Schleswig）的国家档案馆中。

3 瓦尔特·拉特瑙（Walter Rathenau，1867—1922 年），德国政治家、工业家和哲学家。1921 年 5 月，他参加维尔特政府，出任建设部长，1922 年 1 月 31 日任外交部长，与苏联订立《拉巴洛条约》（1922 年 4 月 16 日）。1922 年在上班途中被民族主义狂热分子暗杀。——译者注

4 关于拉特瑙的个人品格，拉德布鲁赫曾在《南德意志人民报》（Die“S.V.Z.”）作如下的描写：“我第一次在国会的委员会会议中见到瓦尔特·拉特瑙与其伟大的对手胡果·施廷内斯（Hugo Stinnes ）在一起（不过，据说施廷内斯后来也是陪伴其度过生命中最后一晚的人）。当时，施廷内斯在外表上活像是从煤堆中出来的恶魔，手势强悍有力，给人留下比较强烈的印象。与他相比较，拉特瑙看起来只像是一个带着一点不露声色的傲气，圆滑而又老于世故的人。”

“这多么错误！他隐匿不显而老于世故的面纱（这就像他那不露痕迹，简直就是商人一般的手迹），使他有利于掩饰其极外在而充满紧张对立的明显的人格特性：是犹太人，同时又是德国人；是买卖人，同时又是思想者；是企业家，同时也是社会改革家；是精英分子，同时又是民主人士——人们还可以这个系列继续对比下去。”

“我从前遇见过这样一个人，其本性完全是有意识地自我型塑的结果，这种有意识的型塑甚至深入个性表现的一切细节之中。但这绝不可以误解为是一种看不透的做派和伪善的姿态：其有意塑造的外表完全符合其本性，这是其特有人格的外在表象。如果说贵族意味着是有意识地塑造自己的生活方式的话，那么那经常用在他身上的字眼也是很适当的：（转下页注）

赫面临的最困难的任务，他尽力对一再受到通过犯罪手段侵害的宪法采取有效的法律上的保护。这个事件，也导致了一项由拉德布鲁赫起草的保护共和国法律的公布和一个特殊的国家法院组织的设立。

拉德布鲁赫通过将劳工法院设置为专门法院而拉开了其立法

（接上页注）犹太贵族。”“在他身上环绕着一种冷淡的气层，一种距离，他并未表现这一点，他看起来甚至还想通过外表给人信赖和同情等姿态来打破它。他喜欢在与伙伴说话时，把手臂搭在其肩上。但正好在这种亲近的姿态中，透露出一种不是出于自我选择的，而是其本性必然产生的最终的孤寂。”

“这种距离也出现在他与很多朋友的关系中，可以从拉特瑙的信件中看到这一点。但凭借着细腻的感受，他知道，何时应当对他人表示重视，以此来隐藏自己的优越！同时他也知道，怎样去帮助别人而又使其有表示感谢的负担！在写给一位坠入爱河的人的信中，他能够做到移转这个人无边无际纤细灵敏的情愫，却又不使其感情受到伤害。”

“值得提及的是他对于其所属的内阁总理，即约瑟夫·维尔特（Joseph Wirth）采取的态度。拉特瑙喜欢凸显维尔特职务上的优位，用一切形式表达对维尔特伟大人格的高度评价，以此隶属于维尔特。尽管他自己是一位机智而精于计算的政治家，他还是赞叹维尔特胸有成竹的政治直觉［‘绝对不要有冒险的政治’（Nur keine Eventualpolitik）］，是维尔特的口头禅）。出于自己本性的多重复杂性，拉特瑙对于简单质朴、百折不挠，对于他认为属于日耳曼人特性的一切东西感觉出根本的渴望——追寻日耳曼人特性，这一颓败的形态最终使他走向厄运。”

“拉特瑙已清楚地预见到自己最终的命运。但他过于自负，以至于不想采取预防手段保护自己，他过于相信命运，似乎相信自己能够摆脱厄运。故此他终于成为一群年轻的头脑发热的激进分子的一个牺牲品；这些激进分子对于他的本性，对于他思考的问题或他的贵族品格不曾寻得一丝气息，他们也许根本没有读过他的一本著作，更谈不上去理解了。”

“拉特瑙的母亲曾写信给一位凶手的母亲，这封信是美丽人性的记录，是拉特瑙自身的特性在其一生最坚实、最深沉联系着的母亲身上的反射：

‘在无以名状的痛苦中，我对您，最可怜的妇人，伸出我的双手；请告诉您的儿子：我以被谋害者的名义和精神，已经原谅了他；就如上帝同样可能宽恕他一样，假如他在尘世的正义面前，彻底坦诚地自白并且在上帝面前悔过的话。如果他认识我的儿子——一个上帝送到人世间最高贵的人，那么他也许宁可把凶器指向自己而不是对准他。但愿这些话带给你心灵上的宁静。’”

工作的序幕[1]。紧接着在1921年12月出台早就准备妥善而仅由拉德布鲁赫签署的罚金法，这个法案是刑法的总体改革先行采取的一个重要步骤，它完全按照李斯特的观点来遏制“短期自由刑”（kurzzeitigen Freiheitsstrafen）的适用，因为短期自由刑在教育意义上的失灵，长期以来在专家们中间是众所周知的。拉德布鲁赫对于参议会作出有关自由刑之执行原则的决议，有决定性作用；这项原则试图弥补因缺乏刑事执行的国家立法所致的重大漏洞。拉德布鲁赫在任期间，已经草拟好的少年法院法也为参议会通过[2]。在拉德布鲁赫领导下所拟订或推动拟订的重要的社会规章还包括这样一些：承租人保护法，重新起草非婚生子女的权利的规划，关于牟取暴利行为的若干命令，关于陪审员和陪审法官补偿法（该法制定之目的想使那些即使身无分文者也能在没有难以承受的负担的情况下参与法庭陪审的工作），等等。当时，拉德布鲁赫还顶住了巨大的压力，执行了两项有关妇女在司法机关任职并担任职业法官的法律；这两个法律，没有被中断，一直沿用到现在。

不过，作为立法者，他最具有其个人代表性的，也是其贡献最大的工作是起草新的刑法典草案[3]；参与协助制订这个草案的，还有一位奥地利联邦司法部的代表——著名的维也纳刑法学家卡

1 《心灵之路》，第153—154页。

2 《心灵之路》，第154页。

3 《心灵之路》，第155页及以下。

德卡教授（Prof. Kadecka），因为它作为《德意志通用刑法典》（Allgemeines deutsches Strafgesetz-buch）应该有助于两国法律间的相互适应[1]。这项草案明显地代表了拉德布鲁赫对于刑法之任务的观点。它的内容中有一些根本性的革新，诸如废除死刑、以其他刑罚手段代替监狱刑罚和名誉刑以及对信仰犯的特别处遇等。根据弗朗克（Frank[2]）和戈尔德施密特（Goldschmidt[3]）的规范责任论，拉德布鲁赫（在放弃“形成”责任的定义的情况下）试图把苛责性（Vorwerfbarkeit）作为在法律上认可的通用的责任概念。共犯规定的简化，“理想”与“事实”冲突之间的融合，应该说使刑法摆脱了概念法学窠臼的束缚。所有这些要求是以他多年的预备和自己的思想为基础的，其中的思想部分通过早年的发表而已经在学界讨论过了。

1922 年 10 月，“经过 20 年的准备工作后，新刑法典的官方草案终于交由内阁讨论”[4]。但 11 月 22 日，维尔特内阁却由于党内的纷争而倒台。因此，拉德布鲁赫也被剥夺了继续以领导者的地位从事刑法改革的可能性。他回到了基尔大学的教学岗位。但不到 1 年时间，即 1923 年 8 月 13 日，正当通货膨胀达到最高潮的时候，拉德

1 《心灵之路》，第 156 页。

2 弗朗克（Hans Frank，1900—1946 年），德国刑法学家。——译者注

3 戈尔德施密特（James Goldschmidt，1874—1940 年），德国刑事诉讼法学家。——译者注

4 《心灵之路》，第 157 页。

布鲁赫又再度在斯特来斯曼（Stresemann）内阁[1]中担任部长的职务。

1 对斯特来斯曼进行判断，拉德布鲁赫在《南德意志人民报》（S.V.Z.）撰文作如下概括：“有人最近风趣地说，在一系列的人权中有一种被遗忘了：犯错误的权利（Das Recht auf Irrtum）。事实上，在德国大家对这种人权还不太认同。在我们这里一直有一个很坏的惯例，即假如一个政治家因时代的变化使他过去所做所说与后来所做所说的态度相抵牾的话，他将终身受到指责。政治家被剥夺了‘透过错误来逐渐形成真理’（durch Irrtum zur Wahrheit zu reifen）的权利。而这正是古斯塔夫·斯特来斯曼在其漫长的晚年所得到的特定处境的一个标志：人们不想让这位充满变化的政治家去面对他的过去。”

“不可否认，在魏玛国家时期，由斯特来斯曼所组建的德意志民族党曾在政治上发挥了很不好的作用。人们应该还记得，所谓的‘大联合政府’（即由三个民主政党与斯特来斯曼被视为右派政党的组织联合组成的政府）的问题，在联合政府的成立或解体时到底扮演着什么样的角色。不过，最糟糕的是该党的建立反过来对其创建人（斯特来斯曼）所造成的影响。这个政党是由若干个理想主义的自由分子和另一些不计后果的经济上的自由分子彼此很不自然地凑合而成的，所以它一直在斯特来斯曼背后制造新的麻烦，克服这些麻烦使斯特来斯曼耗费了很大一部分精力。”

“古斯塔夫·斯特来斯曼在政治权位游戏中没有忘记，在政治家的人格中，信赖是一个多么重要的因素；而且他从没有放弃去寻求信赖以及保证信赖。他不是一个纯粹冷静而精于计算者，而是一位心热肠暖之人；他不只是一个政治谋略家，而是靠理念生活的人——简单地说，是靠歌德的理念生活的人。”

“那么，荣耀呢？的确有：但不是那种来自低级趣味的，纯粹吃吃喝喝的虚荣，而是那种健康的荣耀，其以自己固有价值的意识及其成功地贯彻为基础；从其坚实的声调表达出来的响亮的内容，就可以看出：他的自我意识非常到位。有荣耀，是的，但是假如没有荣耀，政治所要求的人们的完全奉献，恐怕根本是不可能的。维吉尔（Vergil）就是把对祖国之爱与无止境的追逐名利欲彼此相提并论的。”

“斯特来斯曼生命中的最后阶段则更加令人感动。他的目标达到了，得到他所为之追求的东西，心满意足地获得任何荣耀。但也正像他自己意识到的，他的生活时间安排得还有些短促。这里展现了这样一种人的一幕：这种人完全属于他的工作，他把自己的生命耗费在工作之中，他可能只有一种满足：在工作中发挥其应有的作用。在时代面前，魏玛共和国令人震惊地痛失许多领袖型的政治家：但在他们中间没有一位像古斯塔夫·斯特来斯曼那样，其把形象已经体现在了燃烧发光、消耗自身的蜡烛之上：在服务中耗尽（in serviendo consumor）。”

这是政治上越来越动荡的时刻[1]，此时拉德布鲁赫既不能继续其刑法的改革工作，又不能开展新的立法计划。11 月 2 日他最终离开了共和国司法部[2]。他在回忆担任部长时期的文字中写道："在第一次解除我的部长职务时，我还不无悲伤，并与那些已经开展但尚未最终完成的工作惜别；但这第二次，解除我的职务，我却非常高兴[3]。"当他在 1928 年 6 月 27 日第三次受命担任此职务时，他予以回绝了，因为他清楚地认识到："在政治和学术这两种不能持续兼顾的任务中"[4]，只有后者才真正是他分内的工作。正像他的政治活动是以其学术知识作为基础的，并且是以学术的手段来加以论证的，他也尝试着以科学方式促使他人来了解政治；就像他以学问人的平心静气、细心省察和原则上愿意自我改正的态度来对待政治活动一样——所以即使在学术工作中他也从未与政治完全脱钩：假如我们是从最崇高的意义上来理解政治，把政治看作"共同的最大利益"（gemeinen Best）之理论及实现该理论之艺术的话。

五

1. 之后在基尔大学担任教授的几年中，拉德布鲁赫在三个主要方面持续不断地进行着他的活动：

1 《心灵之路》，第 170 页及以下页。

2 正式解职是在 1922 年 12 月 22 日（《个人档案》，第 34 页）。

3 《心灵之路》，第 176 页。

4 《心灵之路》。他的拒绝是同这个前提条件相联系着的，即共和国的司法部长应由一位社会党党员担任。

（1）作为法哲学家，他在多篇把“法理念”作为实在“法质料”的规范标准对待的文章中，进一步构思其法律价值二律背反学说。

（2）他所写的刑事法学论著，主要是为未来的新刑法典作进一步的准备；他那项在1924年所做的完全原创性的研究《信仰犯》就是如此，后来他将这个研究报告做了一些扩展，于1926年在科隆（Koeln）举行的法学家会议中作专题演讲。此外，他还悄然地为其有关刑法史的未来研究计划收集资料；在此期间，他出版了有关卡尔大帝（Kaiser Karls V.）的刑事法院规则，即“卡洛琳那法典”（Der “Carolina”）的卓越的学生版，其中附有注解。

（3）在政治战场上，他一如既往以法律手段进行战斗：在就“费辛巴赫案”（Fall Fechenbach）[1]和在马格德堡（Magdeburg）对共和国总统艾伯特所进行的诉讼[2]所作的两份重大的法律专家意见书

1 对此，参见拉德布鲁赫著《魏玛时期国家的司法危机》（载《每日镜报》1948年11月21日）一文：“第一任巴伐利亚共和国总统库尔特·艾森纳（Kurt Eisner）的秘书菲利克斯·费辛巴赫（Felix Fechenbach）由于公布长期以来已经为人所知的事实而根据叛国罪观点被判处4年监禁。历史学家弗里德里希·蒂默博士（Dr.Friedrich Thimme）勇敢地介入和慕尼黑大学教授克岑格尔（Kitzinger）的惊人揭露，使得在对费辛巴赫做判决时追诉时效已经消灭，这使费辛巴赫被释放。但他的这个平反不能使他幸免：他在希特勒统治时期仍被杀害。”

2 一位政治上的对手指控这位共和国总统犯有叛国罪。对此，参见拉德布鲁赫著《魏玛时期国家的司法危机》（载《每日镜报》1948年11月21日）一文：“艾伯特在第一次世界大战期间参与领导了军火工业爆发的罢工行动，但有根据证明，他只是代表国防部门的利益为了尽可能迅速地‘镇压’这次罢工。负责审理这一诽谤案的法院认为有足够的证据认定艾伯特叛国行为成立，因此判决被告只具有形式上的诽谤。甚至当时的右派政府也马上表态对共和国总统予以信任。后来借在另一起诉讼的机会，帝国法院宣判：认为弗里德里希·艾伯特这个人具有叛国行为是完全没有根据的。但已经太迟了——因为在这期间，弗里德里希·艾伯特已经离开人世。”

中，他试图澄清陷入一团乱麻且因党派的偏激而被模糊了的事实真相，以促使法律（正义）获得胜利。所以，当他受邀在共和国议会为宪法纪念日作例行的庆祝演讲时，他并没有推辞。在致词中，他以其固有的、客观而令人振奋的口才，以一贯精确的雄辩，加上对尖锐的矛盾命题的对比论证，提出了“共和国公民义务论”（Republikanische Pflichtenlehre）[1]，目的在于强化（全国人民的）国家感、法律感和社会感。这几个要素见诸“对政治理念之不可动摇的持守”，是“所有有执政能力的政党”都必须共同保守的[2]。在这篇充满政治善德的演讲中，拉德布鲁赫以高度的政治教育艺术（为在场的人）指出了在德国政治生活中存在的似乎是难以克服的缺陷和不足：缺乏耐性，刚愎自用，缺乏适度、策略和可行性的感觉，将实际问题提升为良心的关切，把政治事务与特定的“世界观”联系得太紧以至于导致政党体系的僵化，目空一切，以及随之而来的与外国来往中所表现的不稳定性，更要命的是人们在政治上可怕的摇摆不定的态度，即要么对政治生活完全漠不关心，要么狂热地把政治事务绝对化，视之为最高的生活价值。他以任何人都能听懂的、但又绝非陈词滥调或空洞乏味的措辞的方式，从德国国歌“统一、法律和自由”的颂词出发，引申出宪法的积极价值[3]，并且提醒大家要保护这些价值。

1　该演说以此为题目在基尔刊行（Kiel，o.j.，1926 年）。

2　《共和国公民义务论》（Republ. Pflichtenleher），第 14 页。

3　《共和国公民义务论》（Republ. Pflichtenleher），第 6 页及以下页。

2.1926 年 11 月 13 日，拉德布鲁赫开始了他在海德堡大学的新的教职，他在题为《法律上的人》的就职演说中，对另一类型的听众群体，就一个法哲学课题而非法政策的问题，也同样呼吁并告知人们进行政治的自我教育。作为被聘往波恩大学的亚历山大 · 格拉夫 · z. 多纳（他是一位头脑敏锐的法律教义学家和忠实地保存鲁道夫 · 施塔姆勒思想遗产的法哲学家）的后任，拉德布鲁赫又回到了海德堡[1]——回到了那曾是“他古老的精神家园”，但其精神传统却在此期间已变得年轻化和多样化了的海德堡。

这篇演讲，首先对“把人类作为法律制度的客体的各种不同的观点”作了考察。其次它也想指出，“法是如何把人想象为它的主体，想象为它的创设（造）者的”[2]。在此，它展开了这样的一条历史发展的线索：由“反映礼俗社会意识的、为礼俗社会之人适用的法”[3]，中经“个人立法者为被认为互无关联的个人所订之法”[4]，最后到将人视为“组织起来的社会”成员的被称作“集合人的法”[5]。这一次，拉德布鲁赫又一如既往地将其哲学思维方式挪用在政治关系的分析上。他认为，透过这一新的时代关于法律上的人之观念，民主和社会主义两

---

1 他在 1926 年 10 月 1 日接受此聘请，而聘用证书标的日期则是 1926 年 7 月 27 日（《个人档案》，第 68 页）。就职仪式是在 1926 年 11 月 2 日举行的（《个人档案》，第 90 页）。此前（1926 年 6 月 10 日），他回绝了柏林商业高等学院的聘请。

2 《法律上的人》（Der Mensch im Recht），第 15 页及以下页。

3 《法律上的人》（Der Mensch im Recht），第 6 页及以下页。

4 《法律上的人》（Der Mensch im Recht），第 8 页及以下页。

5 《法律上的人》（Der Mensch im Recht），第 12 页及以下页。

者之间开始了更紧密的联系：因为通过自由主义为个人所保障的“权利”在民主社会的思考中逐渐转化成了“义务”（“所有权承担着义务”“选举权也是选举义务”），它们结合而成为一种全新的社会整体秩序（Gesamtordnung）。因此，现代的民主不再被理解为抽象自由平等的个人之（简单）总和，而被看作一种由各种集团、阶级和党派构成的社会学意义上的关系结构[1]。

3. 拉德布鲁赫在稍后修订的《法哲学大纲》（Grundzuege der Rechtsphilosophie）中把这一“社会民主的哲学”置于中心的地位。他利用一个休假学期，完成了这项修订工作，该休假学期是在他回绝了汉堡大学[2]和法兰克福大学[3]的荣耀聘请后所获准的[4]。他需要修养身心和聚精会神[5]。因为新的公务以各种各样的方式一直越积越多：担任德国法学家大会常任代表团成员、国际刑学会的理事、柏林科学院院士、布鲁赫扎尔监狱的顾问[6]、（海德堡）法学院院长。而且课外的教

1 《法律上的人》（Der Mensch im Recht），第 13 页及以下页。

2 他于 1928 年 12 月 24 日接到聘请，而于 1929 年 2 月 1 日予以回绝（《个人档案》，第 144 页）。

3 时间是 1929 年 11 月 24 日。1931 年 7 月，接着就是柏林大学的邀请。参见《法兰克福报》（Frankfurter Zeitung）第 680 期，1931 年 9 月 12 日（拉德布鲁赫回绝之，起因于还在司法部的任职上，而不是由于其在法学院的任职）。

4 这项 1931 年 6 月 10 日提出的申请于 6 月 20 日被准许（《个人档案》，第 222 页）。

5 遗憾的是，他必须经常从事一些阻碍其进行学术创作的工作。1940 年 12 月 1 日他在给本编者的信中写道：“由于我有义务被迫从事一些指定的工作，这些工作是违心地牵引着的，其进展也很缓慢，同时也阻止我做自己想做的事情，我为此不知流失了多少时间和精力！”

6 从 1929 年 1 月 23 日起开始兼任此职（《个人档案》，第 130 页）。

学活动也随之而来，拉德布鲁赫也常常接受校外的邀请去作报告[1]。此外，刑事政策上的和政治上的论战也越来越尖锐。拉德布鲁赫一方面觉得有责任在这些争论中表明立场，在可能有所助益或能够有所提醒时发表自己的意见；但另一方面他已度过半百之年，也清楚地感受到所有人的生命中存在的界限，因此正如在其新版的《法哲学》序言中所说的那样，他希望做些“清理和总结”。

理论上的价值相对主义，在这个最后的定稿本中是被当作文化哲学的法哲学之基本原则，并按照逻辑而加以贯彻的。拉德布鲁赫把价值相对主义理解为在西方文化整体内可以想到的法律理想之前提要件、论证过程和实践结果的理论。因此，他既与那种对社会秩序采取“价值盲目”（wertblinden）的观察方式保持距离，不管它是纯粹因果关系的考察，机械主义的考察，实用主义－历史主义的考察，还是自然主义－社会学的考察；同时又与那种以“价值超越”（wertueberwinden-den）的、对形而上学－宗教性的秩序理念加以考察的方式保持距离，而不管这种由公理性的信念知识所支持的秩序理念到底属于内心世界的一种，还是属于超验的一种。通过将法学看作一种“价值关涉的”（wertbeziehende）文化科学，他认为追问

1 他应“政治训导局”（Amts fuer politische Bildung）的邀请，于 1930 年 12 月 16 日在达姆施塔德（Darmstadt）为当地的学生发表了题为《通向政治世界观之路》（Der Weg zur politischen Weltanschung）的演讲；1931 年 3 月 3 日在海德堡市为年轻的失业者所办的进修课程班上，作了题为《魏玛宪法的精神》（Geist der Weimarer Verfassung）的演讲（《个人档案》，第 3、204 和 214 页）；1932 年 5 月 24 日在纪念巴登邦受刑人保育一百周年庆典上，发表了题为《刑法中的教育思想》（Der Erziehungsgedanke im Strafrecht）的庆祝演讲。

占主导地位的法律价值就成为问题的核心。但法律价值不可能存在于“法理念”之中，因为法理念作为形式原则本身还需要超法律的（metajuristische）文化价值来填充。在拉德布鲁赫看来，形式上“最上位的法律价值”不仅仅是指被作为平等原则的“正义”，而是一个彼此相互补充却又互相对立的指导思想之矛盾三一体（antinomishe Trias）：“正义”“法的安定性”“合目的性”。这三种指导思想彼此间处于何种位阶关系之中，则依法律所在的那个社会的基本观念（Grundanschauung）而定。它可以是“个人主义”的，其指向个人及其自由，把它们作为最高的价值；但它也可以是“超个人主义的”或集体主义的，其以“团体”为指向，个人只有在被赋予社会意义时才是团体的组成部分；它还可以被理解是“超人格主义的”，因此，法律的价值依其性质注定是要保护某种客观的、最高的“财产”或一定范围的文化财产。在这里，既可以看到人类个体生存意义的实现，又可看到人类共同体生活意义的实现。按照这个西方法律理想中存在的可能基本形式之三一体，拉德布鲁赫来处理法哲学中的所有一般和特殊的问题，以便总是从业已接受的基本立场中推展出相应的后果。他特别把这个思想适用在建构政党生活的包罗万象的体系中。也就是说，他看到了社会秩序的三种可能模式——个人主义模式、集体主义模式和超人格主义模式——映射在三个重要政党——自由党、社会党和保守党——的政治纲领之中，因而致力于研究这样一个问题域（Problemuebersicht）：究竟怎样保证政治决定在原则上的严肃性，却又不致阉割无论什么人在政治决定上的自由甚或通过命令剥夺这种自由。

因此，他的法哲学是可能的、有意义的法哲学诸问题的澄清；它不提供廉价的或专断的解答，它想包容一切而不想舍弃什么。它想提醒人们在学术上不要轻易下结论，更不要片面地下结论，据此而有助于认识真理，训练学习并拥有宽容和自我节制的精神，既老练地从事学术论战，又老练地从事政治斗争，由此它为所有的“价值决定”指出了“价值的证立”（Wertbegruendungen）。

1932年版的拉德布鲁赫著《法哲学》是对问题现状的阐释，同时也是对问题现状存在的认识原因的揭示。就这一点而言，它对所有法哲学之提问立场，用最适当的话来讲绝对是一个“导引”或“入门”。它的知识本身揭示了一个必要的思考阶段，任何一个人只要跨越这个阶段，就会陷于漫无边际的思辨，就会落入空洞的概念形式主义或片面地热衷于某一特定的、先入为主的、绝对预设的法律理想。但是，这些知识也只能引导那些愿意被指引的人；它们以一个人倾听世界和敬畏世界的态度为前提，这样的人相信理性具有形成秩序的力量，因而并不沉湎于对造物主能力的盲信，也不想当然地认为：“世界是由理性（无限）切分的，没有除不尽的余数。”

在一定程度上，拉德布鲁赫所赋予其法哲学体系的这个定稿形式，本身也是一种艺术形式，所以，这本书在双重意义上显示出其持久的贡献：一方面它反映出对一个特定时代的哲学的应用；即反映出西南德意志的新康德主义哲学的应用，而背离当时德国法律生活之完全特定的时代处境；另一方面它又透现出一位思想家的不平凡的人格；这位思想家的哲学，即使理解其方法和占有其结论不再能够解决我们现今的问题，但是因其哲学思考的原创性，仍不失为一个范例。

4. 如果说拉德布鲁赫是在新版的《法哲学》中勾勒出了其认识的总体框架，那么他稍早在海德堡时期（1927 年[1]）出版的小册子《社会主义文化论》（Kulturlehre des Sozialismus）则形成了其最终的政治信念。在这本书中，他试图表明作为文化更新之主要根据的“社会主义世界观”，并大胆地提出社会主义文化国家的蓝图。在这里，他受到了歌德的《威廉·迈斯特的漫游时代》[2]一书思想的引导：“成为整个社会之有机体上的组成部分——这就是未来人类的规定性”[3]；在此，歌德已经预感到这一点，诚如他曾经谈到“令人惊骇的机器”势将摧毁传统的经济形态：“它像雷雨，慢慢地，慢慢地，滚卷而来；但它已选准了方向，它必将到来和爆发[4]。”对于这个问题，拉德布鲁赫在服兵役期间就已经开始思考，1919 年他在《逻各斯》杂志（Logos）上发表文章，并对此作了初步的构想，以后又作了进一步的思索，直到最后他才在歌德这本描述近代社会形成的小说《威廉·迈斯特的漫游时代》中发现了反映社会主义团体文化的主要蓝图。

六

1. 在一个寒冷的冬季之后，拉德布鲁赫对 1932 年秋天以后完全

1 该书德文第一版的出版时间为 1922 年。——译者注

2 《威廉·迈斯特的漫游时代》是歌德于 1821—1829 年写成的一部著作。——译者注

3 《型塑与思想》（Gestalten und Gedanken），第 97 页。

4 引自《型塑与思想》（Gestalten und Gedanken），第 99 页。

停顿下来的刑法改革（这项改革的危机也正是国家所陷入的危机的一个征兆）应否继续的问题，进行了口头与书面的讨论，并于4月初前往巴勒莫（Palermo[1]）参加国际刑法协会的会议。在他返国时权力关系已经发生了很大的变化；纳粹当局在巴登邦也取得了统治地位[2]。1933年5月9日他在自己的住宅，即位于莫尔特克街（Moltkestrasse）27号由亚历山大·格拉夫·z.多纳搬走腾出的教授住宅，收到一封通过"邮递送达"的公文函件[3]。该公文宣布，依据《专职公务员重组法》（Gesetzes zur Wiederherstellung des Beru-fsbeamtentums），从1933年4月7日起他被解除在巴登邦的公职[4]。其免职的理由为："依其整个人格和迄今从事的政治活动，他不能保证现在会为民族国家毫无保留地效力。"

这样的话竟然会是对他说的！这样一个人把他的全部工作奉献于最高的生活价值，孜孜不倦地致力于保护国家的精神财富，作为国民

1 巴勒莫（Palermo），意大利的一个地名。——译者注

2 拉德布鲁赫依据其1929年10月1日承担的国家学之授课委托（《个人档案》，第184页），本来预告将于1933年夏季学期讲授《民主的国家形式》课程。但经"同事间磋商"（校长于1933年3月28日致文化部的信函），他最后放弃了该课程（《个人档案》，第248页）。

3 （拉德布鲁赫）《个人档案》，第250页。

4 最终生效的免职直到7月12日才送达，因为根据1933年5月6日的《专职公务员法实施条例》（Die DurchfuehrungsVO zum Berufsbeamtengesetz，其在1933年4月29日的免职文书被送达前即已生效），卡尔斯鲁厄的主管当局推迟了自己的工作，最初的免职文书是按照当时在形式上已经无效的法律制作而成的（《个人档案》，第272—297页）。

他曾经以士兵的身份“为其祖国而战斗”3年之久[1]，作为思想家以其卓越的学术成就而为其祖国赢得新的荣耀，同时为德国司法赢得了最广大人民的新的信赖。他对此没有做任何的辩驳，对于当时降临在头上的不公正和侮辱行为——他甚至必须忍受被搜查住宅[2]——他也只是默默地承受。越是如此，来自当时的两个人的声音所表达的情意，我们听起来则更加感人。1933年4月9日，长年为拉德布鲁赫工作的秘书，一位安静而生活极为简朴的波兰人（曾经是学习印度学的学生）写信给文化部的负责人[3]：“我想告诉您，在我的一生中还没有遇见一位像拉德布鲁赫教授先生这样拥有忠诚、正派和宽容品格的人。作为一个外国人，我想表明这一点：任何一个其他的民族都可能羡慕德意志民族拥有一位像拉德布鲁赫教授这样的人，因为他的作品甚至被译成了日文。”7月21日，拉德布鲁赫教过的一位学生、年轻纳粹党员和海德堡纳粹学生组织的创立者，也给同一单位写信说[4]：“我知

---

1 这是拉德布鲁赫自己在1948年7月13日在对海德堡学生作离职告别演说时所说的一句话。对此，参见他讲过的另一句话：“并非所有的军事行动都是军事行动”，载《对一句标语的批注》[Glosse zu einem Schlagwort，拉德布鲁赫发表在《黑森通讯》(Hessischem Nachrichten)1946年6月26日，第11期，第4页]；此外，还可参见他对伯恩哈德·施威特费格尔将军（General Bernhard Schwertfeger）所著《笼罩着德国的谜团》(Ratsel um Deutschland)一书观点的赞同（《莱因—内卡尔报》1947年岁末号）。

2 一位纳粹冲锋队（SA）高级干部（《个人档案》，第264页）向文化部主管大学事务的官员报告，他于1933年4月20日在拉德布鲁赫住宅已进行搜查并对一些物品作了扣押。

3 （拉德布鲁赫）《个人档案》，第254—258页。

4 （拉德布鲁赫）《个人档案》，第298—299页。

道，拉德布鲁赫教授是一位马克思主义的信仰者，因此也是民族社会主义（纳粹）的最厉害的对手。对其信仰，他也公开地辩护过，事实上他在战前就已经是一位社会主义者了。我认为，他那时一定是一位理想主义者。无疑，拉德布鲁赫教授对民族社会主义所作的斗争也是清楚和老实的……他确实应该得到另外一种（更好的）离职方式……所有他的政见的反对者都一致认为：拉德布鲁赫教授是一位理想主义者和诚实的政治对手。"

处在这样不幸困境中的人，能有一位忠实的工作伙伴和一位激情的敌手在同样的意义上为其作如此的证言，这自然使他能够不忧不忿地承受发生在自己头上的不公正，甚至可以把"为自由而罹难"视为他自己的荣耀[1]。

2. 1926年秋天，拉德布鲁赫在海德堡大学的就职演说中以歌德诗句（"以我的双手创造每天的成果，为我完成的事业而欢欣！"）作结时，他没有意识到，他即将面临心灵流放、强制同公众生活隔离的恐怖年代。日常的工作被突然中断了，他必须找到一个新的生活秩序。他固有的心理准备，使他能够做到面对"每天的挑战"。他一向对不可避免的事情安之若素，这一泰然处之的态度，也帮助他克服了被解职最初几个月的困难局面。从5月开始，他每天到大学图书馆的杂志室工作[2]。一项经长期酝酿而渐趋成熟的计划得以落实，

1 拉德布鲁赫在1948年7月13日对海德堡学生作离职告别演说时是这样讲的。

2 自1933年5月9日起，他又获准进入杂志图书室（《个人档案》，第270页）。

这是他在大学任教的初年即已开始着手的写作计划[1]：写一本安塞尔姆·冯·费尔巴哈的传记。费尔巴哈是一位兼具立法者与思想家身份、带有艺术家和科学家印记的独特法学家，拉德布鲁赫可以在他身上发现自己精神特质的真正始因，并把它描述出来。

（1）这本书于1934年在维也纳出版，因为在德国不能再找到出版商出版。通过这本书，拉德布鲁赫开始了其文学创作的新阶段。这本书有意识地把思想家的语言和诗人的语言结合在一起；因为它的题目恰好介乎于艺术与科学之间，所以能与这种写作风格相匹配。

这是一本传记和创作史，同时也是一本荣誉史和对于思想史的环境的阐释。它记述、评价、分析并评释性地理解费尔巴哈的思想；有时，又直观地交叉进入费尔巴哈多样态创作的计划和意图。它把费尔巴哈多面性的人格作为一个栩栩如生的整体加以观察，并揭示其卓越的本性。阅读这本书，人们可以看到，为使一个杰出人物的精神生命得以形成，到底必须有多少种因素整合在一起：优越的天赋，环境的刺激阻力，支撑生命的友谊和为新思想产生必要共鸣的、无法捉摸的有利时机；精神上难以言状的辛苦和劳累，不断更新变换形式的邪恶想法，使自己的思想适应同时代人的愿望、要求和传统的耐性；对学究气的淡化，借以养成更宽广、更深入的思想的批判性标准（这种养成不仅通过书籍获得，而且在与学界同道切磋过程中得以检查和考验）；保持永不怠倦的高亢奋进的情绪，为了法律（正义）愿意不回避任何战斗

1 拉德布鲁赫于1910年6月18日获得巴登邦文化部交付的500马克，“目的是撰写安塞尔姆·冯·费尔巴哈传记做准备”[《公告》（Erlaβ）第B7417号，《个人档案》，第30页]。

的勇敢心灵。所有这些以及其他未提及的方面：这正是一位足以引为楷模的“法学家生命”之活生生的整体，拉德布鲁赫希望把他呈现在年轻一代的眼前——不是为了去模仿，而是为了去自我省察。但由于自古以来真理和法律这两个概念是不可分割地连在一起的，拉德布鲁赫因此也想向读者指出：费尔巴哈的生命固然散发出多样的光彩，但也投下了深深的阴影；它不仅因特殊幸运的有利而放出光芒，而且也曾因有痛苦的经验、悲惨的事件和倒霉的时刻而暗淡无光；他的人生旅程也不乏错误的弯路和迷狂的歧途。因此，凭借《费尔巴哈》一书，拉德布鲁赫不仅成功地塑造了一位法学家，而且也塑造了一种人类形象；这种形象不仅在精神史上极为有益，而且还负有人类教育的责任。

（2）在这几年中，几所国外的大学努力争取拉德布鲁赫前往任教。向他发出邀请的，有立陶宛的考纳斯（Kaunas）大学[1]和纽约大学法学院。稍后他又收到（瑞士）苏黎世大学[2]和（法国）里昂大学关于教授法哲学的委托书。拉德布鲁赫在慎重地衡量整个困难的情况后，回绝了这些邀请[3]，但他在1935年，接受邀请前往英国做为期一年的

1 1934年9月。

2 这是由（瑞士）苏黎世州教育主管部门批准的，在1937年夏季学期开一门每周3小时法哲学概论的课程（《个人档案》，第336页及以下页）。

3 对此，纳粹在卡尔斯鲁厄的报纸《元首》（Der Fuehrer）1934年9月15日第426期作了报道：“拉德布鲁赫教授经官方的特别促请而以忠诚的方式对此决定，拒绝了去考纳斯（Kowno，当时纳粹对Kaunas的称呼——译者注）赴任的邀请。由此，最近一段时间个别报章针对他所作的攻击均告失败。”（《个人档案》，第328页）回绝苏黎世的授课委托则是出于柏林当局的意思，拉德布鲁赫“以适当的方式提出异议”（《个人档案》，第352页）。对此，拉德布鲁赫曾写信给海德堡大学校长：“尽管（上峰）并未告知任何理由，我自己也不便进一步地搞清缘由，但我还是明白敦促自己（即使带着很大的遗憾）通知苏黎世方面，放弃此项授课委托。”（《个人档案》，第254页）

研究。直到1936年，他在牛津大学的大学院（University-College in Oxford）度过了数月紧张刺激的学习和研究生活，利用这个机会深入了解英国的法院设置，特别是法官独特的地位和传统。他后来有关《英国法的精神》（1947年版[1]）的研究就是来自这些经验。在1936年这一年，他的《法哲学》还被译成葡萄牙文和波兰文；此前他的《法学导论》则因已译成俄文（1915年）、波兰文（1924年）、西班牙文（1930年）和日文（1930年）而在国外广为流传。此时，在外国杂志上他的短篇文章屡有发表，有些属于自我评论性的，有些属于刑法史和教义学方面的研究；其中有以英文、法文发表的，有以意大利文发表的。拉德布鲁赫在国外的影响以这种方式在不断扩大[2]的同时，他在德国发言和开展活动的圈子却极为狭小。在这里，除了海德堡的朋友玛丽安妮·韦伯（Marianne Weber[3]）、玛丽·褒姆（Marie Baum[4]）、卡尔·雅斯贝尔斯（Karl Jaspers）和格尔奥格·耶律内克以外，与拉德布鲁赫首先保持亲密的思想联系的，还有居住在奇格尔豪森（Ziegelhausen）的文学史大家莱因哈德·布赫瓦尔德（Reinhard Buchwald，1884年生），艺术史学家同时也是曼海姆活跃的艺术生活的推动者古斯塔夫·哈特劳普（Gustav Hartlaub，1884

1 此处标注的时间应当是指拉德布鲁赫著《英国法的精神》第2版出版的时间；事实上，该书的第1版出版时间为1946年。——译者注

2 为其60岁生日，东京商事大学（Die Handeluniversitaet Tokio）出版了一本由日本学者所撰稿的纪念文集。

3 玛丽安妮·韦伯（Marianne Weber），生于1870年，卒于1954年。——译者注

4 玛丽·褒姆（Marie Baum），生于1874年，卒于1964年。——译者注

年生）和在 1934 年被解除卡尔斯鲁厄大学教授职务的历史学家弗朗茨·施纳贝尔（Franz Schnabel，1887 年生[1]），他们带给了拉德布鲁赫新的动力。拉德布鲁赫在 1937 年至 1944 年对文学史、文化史和艺术史方面进行研究的论文，来源于他与这些朋友们的多次交谈。

（3）为纪念 1938 年 11 月 21 日 60 岁的生日，拉德布鲁赫特地将刑法史研究方面的一系列论文结集成册，其中第 2 篇文章题为《星象刑事人类学》（Planetarische Kriminalanthropo-logie），探讨了（当时尚无人研究的）近代早期占星术与刑法之间的关系，因而充实了犯罪史的诸多新的知识——这项研究可能是受哈特劳普在古代艺术领域中对占星术的象征符号研究的启发。这个文集中的第一篇文章题为《刑法起源于非自由民等级》（Ursprung des Strafrechts aus dem Stande der Unfreien），该文则对克斯特林（Koestlin[2]）、冯·巴尔（v. Bar[3]）和亚斯特鲁（Jastrow）等人所拥护的理论假定进行了重新考察，并以极有说服力的论证对其予以透析。其第 3 篇文章证实了拉德布鲁赫对于象

1 施纳贝尔于 1966 年去世。——译者注

2 克斯特林（Christian Reinhold Koestlin，1813—1856 年），德国刑法学家，黑格尔主义刑法学派的代表，曾任图宾根大学刑法学教授。著有《新增刑法基本概念》（1845 年）、《德意志刑法体系》（1855 年）等。——译者注

3 冯·巴尔（Carl Ludwig v. Bar，1836—1913 年），德国刑法和国际法学家，曾任罗斯托克、布雷斯劳和哥廷根等大学教授。1890—1893 年任德国国会议员（德国自由意志党），此后担任设在海牙的国际争端仲裁庭的成员，其有关德国刑法手册（1882 年）第一次对德意志刑法史做了总结。——译者注

征艺术作品的社会史解释有特别的爱好[1]；它研究《汉斯·巴尔东[2]的女巫画像》对于西南德意志自16世纪末叶以来追捕女巫可能造成（但肯定不是有意）的影响。在第4篇研究论文中，拉德布鲁赫通过揭示1597—1599年的阿姆斯特丹监狱中各种设置所植根的荷兰喀尔文主义及其社会伦理的神学基础，从而澄清了“早期监狱的思想史背景”。《彼得·根特尔——小丑和英雄》这个令人悲伤的故事同样也有一个神学的背景。这篇文章所讲述的是一件在信奉路德正教时期的吕贝克所发生的刑事案件，一个手工艺学徒基于宗教上的信仰而否认基督的神性，案件经历了一个漫长的诉讼，最后该学徒被判处死刑。通过这篇文章和《巴尔东》一文，拉德布鲁赫尽力把读者的思想引导至宽容、启蒙的人道方向。这后两篇文章，更凸显出这一点。第6篇文章叙述的是对巴塞尔（Basel）的慈善家伊萨克·伊塞林（Isaak Iselin[3]）所宣布的判决。伊塞林是裴斯泰洛齐（Pestalozzi[4]）和巴泽多（Basedow[5]）

1 对此，参见他的文章《死之舞》（Totentaenze），载《黑森通讯》（Hessischem Nachrichten）1946年1月5日文化副刊。

2 汉斯·巴尔东（Hans Baldung），据称是活跃在15—16世纪斯特拉斯堡（1485—1545年）的德国画家和版画雕刻家。——译者注

3 伊萨克·伊塞林（Isaak Iselin），生于1728年，卒于1782年。——译者注

4 裴斯泰洛齐（Johann Heinrich Pestalozzi，1746—1827年），瑞士教育家。曾提出“生命自己进行教育”的箴言，其教学法旨在培养学生自给、自立、自助和助人的能力。著有《一个隐士的夜晚时刻》（1780年）、《天鹅歌声》（1826年）等。——译者注

5 巴泽多（Johann Bernhard Basedow，1723—1790年），德国教育改革家。提倡现实主义的教育方法，其感官现实主义，至19世纪早期成为德国公共教育制度中的主流之一。——译者注

的赞助人，也是根据赫尔德（Herder[1]）的思想编撰而成的《人性史》（Geschichte der Menschheit，1764年）的作者。该书谈论的主题是有关切萨雷·贝卡里亚（Cesare Beccaria，生于1738年，卒于1794年，其《论犯罪与刑罚》一书被译成22种语言，开启了当代为建立一个更合目的、更人性的刑法进行奋斗的序幕），这位“意大利的孟德斯鸠”的。第7篇文章阐明了弗朗茨·冯·李斯特的两个观点在思想史上的形成过程：一个是李斯特关于为刑事被告争取法治国保护而奋斗的观点，另一个是他关于通过制定有目标意识的刑事政策来对犯罪人进行社会防卫的观点——这一辩证地结合自由主义和社会主义的刑法思想，也构成了拉德布鲁赫理论的特色。

拉德布鲁赫将上述7篇文章汇编成册，以《论刑法的优雅》（“Elegantiae Iuris Criminalis”）作为书名出版；它表明这些作品的产生，乃作者基于“对历史愉悦的好奇心”所为，当然不是指“其采取的写作方式，与18世纪的优雅法学有什么雷同之处”[2]。作为对计划广泛的工作领域的一个研究报告，本书所关注的是拉德布鲁赫生命中“要求回顾”的时刻；但该书在其所有部分也包含了拉德布鲁赫思想不断进展的预兆，它使我们可以看出其心路历程的渐次变化。这不是其思想方面的根本转换，毋宁说是其形而上学天资的展开；这种天资

1 赫尔德（Johann Gottfried Herder，1744—1803年），德国哲学家，浪漫主义运动的先驱。著有《关于人类发展的另一种历史哲学》（1774年）、《人类历史哲学大纲》（1784—1791年）等。——译者注

2 《论刑法的优雅》，前言。

因其往昔持续地忙于自己的生活，由于被迫压抑沉思默想的渴望而尚未得到完全的开发。现在，这种形而上学的渴求逐渐突破了樊篱，决定着其未来研究目标的抉择。它首先引导拉德布鲁赫走向与斯普朗格（Spranger[1]）《对世界虔诚》（Weltfroemmigkeit）[2] 一书颇为相近的态度，然后使他再度正视基督教教义。这使我们看到他的一篇又一篇论文表达有越来越强烈和深刻的宗教意味（Religiositaet）。

七

1. 古斯塔夫·拉德布鲁赫在《论刑法的优雅》一书的扉页上写着："献给子女雷娜特和安塞尔姆"（Renatae et Anselmo liberis carissimis），他把自己的孩子和正在成长的年轻一代看作那种"其奉献毕生精力所服务的活的精神"的传承者[3]。不过，当时他还不可能知道，他的生活中最艰难的考验即将来临。

1939 年春天，发生在山中的一次意外运动事故夺走了其女儿的

1 斯普朗格（Eduard Spranger，1882—1963 年），德国哲学家和教育家，W. 狄尔泰（Wilhelm Dilthey，1833—1911 年）的学生。曾著有《生活的形式》（1914 年）、《青年心理》（1924 年）等。其教育理论，对 20 世纪 20 年代的德国教育颇有影响。——译者注

2 "我不久前与斯普朗格的通信中提到他的专题报告《对世界虔诚》与我的旧作《法的宗教哲学》，二者所代表的理念极为相似。为此我想到：宗教性（Religioese），作为所有的人都具有的可能本性，是其生活中默示的、必要的前提条件，是生命原本存在的一个先验规定（Apriori）……是由自然而生的宗教之魂（anima naturaliter religiosa），是'不信仰者的信仰'。"（1941 年 11 月 1 日给本编者的信函）

3 《论刑法的优雅》，前言。

生命。她本来在慕尼黑大学研习艺术史，并已开始进行其博士学位论文的撰写工作。拉德布鲁赫后来接着女儿继续开展该项工作，并最终完成了这篇博士学位论文[1]，它在1941年被收录在慕尼黑大学艺术史专业书中并出版。该文的主题是：农民战争时期的德国农民阶层的社会生活关系在造型艺术上的反映；这个问题在许多方面关及拉德布鲁赫在刑法史上的研究。这篇双重意义的论文（Die Doppel-Arbeit）不仅优美地表达了对逝者的哀思，同时对于人们了解拉德布鲁赫的历史观也是十分重要的。

随着第二次世界大战的爆发，拉德布鲁赫生于1918年的独生子正好赶上服劳动义务－兵役义务的时间，因而作为一名士兵奔赴战场。适其心灵上感到孤寂和遭受战地生活诸多困难之际，父亲寄给他一本《致安塞尔姆的格言集》[2]，这是一本拉德布鲁赫阅读诗歌和哲学文献时所做的读书心得的汇总，同时也是一本帮助思考和写作的"救急的干粮"；这本书肯定对儿子的某些战友也起到了鼓舞精神和熏陶感化的作用。1942年秋天以后就很少有来自俄国的消息，稍后收到儿子在11月26日受重伤的通知，几天以后，安塞尔姆·拉德布鲁赫在战地医院死亡。

2. 然而所有这些沉重的打击也都不能打断这位父亲的工作精力，

1 1939年4月26日给本编者的信函："……我将继续做我女儿已经开始撰写的博士学位论文直到结束——这是对我们所遭受厄运的一点小安慰。"

2 该书后由希佩尔（F. v. Hippel）编辑，以《法律警句集要》（Kleines Rechtsbrevier）为书名，于1954年在哥廷根出版。

挫损他的意志，他反而把一切友好的和敌对的经验、抬举和压迫的经历转化为精神产品。他完全静静地沉浸在“其精神存在的清理盘查”之中，写出8篇有关思想史研究的文章，并集结成册。它研究的具体对象包括：西塞罗的《论安慰》(Ciceros Consolatio)[1]；米开朗琪罗的梅迪契教堂的绘画（Mediceerkapelle)；莎士比亚的戏剧《一报还一报》(Maβ fuer Maβ)；歌德提交给斯特拉斯堡（Straβburg）大学的博士学位论文提要和他的两卷本《威廉·迈斯特的漫游时代》中的法学和社会思想；英国道德家约翰逊博士（Dr. Johnson, 1709—1784年）[2]；作为精神王朝的费尔巴哈家族；作为司法批评家的法国天才版画家杜米埃（Daumier）[3]。本书的结尾表达了对歌德的郑重而严肃的景仰。

3. 这本著作完成于1943年，它由莱比锡的科勒与阿梅朗出版社（Verlag Koehler & Amelang）完全秘密地进行排版。与此同时，拉德布鲁赫在关于《特奥多尔·冯塔纳，抑或怀疑与信仰》(Theodor

1 “事实上，我近年从拉丁文献，特别是从西塞罗的作品中，获得很大的乐趣，根据他这篇在其女儿图丽雅（Tullia）死时所写的《论安慰》，我也写了一篇短文。”(1943年5月26日寄给本编者的明信片）

2 约翰逊（Samuel Johnson，1709—1784年），英国诗人、评论家、散文家和《英文辞典》的编写者。同时他也是一位著名的道德家，强烈反对战争，要求给战俘人道待遇，一贯捍卫穷人和被压迫者的利益，反对欧洲殖民主义，支持黑人和其他土著人民的权利。曾被都柏林大学和牛津大学授予法学名誉博士学位。——译者注

3 他自办发行：《司法的漫画》[Karikaturen der Justiz，其中附有古斯塔夫·拉德布鲁赫挑选并写导语的杜米埃版画集（Lithographien von H.Daumier）]，海德堡，1947年版。

Fontane[1] oder Skepsis and Glaube）的文学史研究论文中，开始总结自己在这段期间对宗教情怀所具有的十分明晰的意识。这本论著最早应该是一个集体创作的一部分；为这本集体作品，拉德布鲁赫已争取到雅斯贝尔斯、斯普朗格、里卡尔达·胡赫（Ricarda Huch[2]）、玛丽安妮·韦伯、布赫瓦尔德和哈特劳普等作者参与写作[3]。用这种集体创作的形式，拉德布鲁赫原打算以诸多名人为例，能够说明“现代人与宗教信仰之间偶尔极为松弛的关系”；他所思考的是这样一些思想家和诗人：他们执着于“怀疑与信仰之间”却又绝不“轻视实在宗教的价值”[4]。然而，在此方面，他努力做的并不纯粹是要复兴那种人道主义的固有宗教。“我们的主张却正好是……伊拉斯谟的宗教虔诚不能仅凭他自己的力量而存活、繁殖生长，它必须溯源于实在的信仰和教会的团体——宗教虔诚正是由此而来，任何世代的人也必须由此才能引申出新的宗教虔诚。因此，我们的工作绝对只在‘具体的’宗教这一

1 特奥多尔·冯塔纳（Theodor Fontane，1819—1898 年），德国作家。被称为德国现实主义小说的第一位大师。著有《燕妮·特赖贝尔夫人》（1892 年）和《埃菲·布利斯特》（1898 年）。——译者注

2 里卡尔达·胡赫（Ricarda Huch，1864—1947 年），德国女作家、诗人。著有《情诗》《德国土地上的伟大战争》等。——译者注

3 为祝贺这位女诗人的 80 寿辰（1944 年 7 月 18 日），拉德布鲁赫写了《献给里卡尔达·胡赫的散句四首》（Vier lose Blaetter fuer Ricarda Huch），当时该诗没有能够付印，但在 1954 年纪念里卡尔达·胡赫 90 寿辰时，由柳迪娅·拉德布鲁赫将它发表［《诗集》（Die Sammlung），9.Jg.，第 7—8 分册（1954 年），第 355—360 页］。

4 1942 年 3 月 14 日寄给本编者的明信片。

条线上游动。”[1] 在原定集体写作的计划落空后[2]，拉德布鲁赫将自己的工作限定在描述冯塔纳作品中呈现的“怀疑与信仰”的紧张关系[3]。

冯塔纳的诗作，特别是他的精神品格紧紧地吸引着拉德布鲁赫，因为在他身上同时混合着的老普鲁士人对自我的严格要求、精确性、一丝不苟的传统、在冷静客观的场合自知之明的美德、开明的宽容、友好待人等品质，这与拉德布鲁赫的品格颇为近似。而且，对于人情世故和文化教养中所存在的距离和亲疏差异的灵敏感受，对罗马人机智风趣的喜好，崇尚古典形式却又不拘泥于形式的直感，对一切模棱两可、自以为是、心胸狭隘和狂热无度的根本厌恶，如此等等，构成了冯塔纳的性格特征，这样的性格特征同样也可以在拉德布鲁赫身上发现——至少具有这一倾向，即以开明的理性来透视一切，这种理性混合着实践上的明智，却又因具有充满游戏和想象力的、灵敏和深沉幽思的情绪而变得温热。这就是冯塔纳的本质特性，拉德布鲁赫很多方面也与之相同，因为他像冯塔纳一样，在精确地认识所有价值及其所处的不同等级秩序的时候，在热切地对这些价值作肯定或否定的时候，仍然在根本上为这些价值的充盈感到喜悦，并且予以承认；他无论怎样表面上都显得得过且过，但在嘻嘻哈哈（au fond）以及其幽默、诙谐的嘲讽背后所隐藏的神圣般的羞怯却又使他不随意作出预言。就

1　1942 年 3 月 15 日写给本编者的信件。

2　1942 年复活节写给本编者的信：“宗教开始之处，可惜也是宽容经常终结之时。”

3　该书于 1942 年 12 月间完成，交给莱比锡的科勒与阿梅朗出版社（Verlag koehler & Amelang）（1942 年 12 月 21 日寄给本编者的明信片）。

像冯塔纳的小说对（双重意义上）已变得虚华的贵族和痛苦的事实真相所描述的那样，拉德布鲁赫对于那些好出风头而又固执己见的市民阶级，特别是对那些浮华、空虚但又披着最后伪装（多愁善感、沙文主义或假装的修养）的市民阶级进行了揭露；而他同时却对“小人物”（kleinen Mannes）的纯正固有的美德充满爱意；这是一种适合于所有阶层的人之纯朴、正不断成长而又实在的“本性”；凭着对真正高贵人性的极度细腻的机智（esprit de finesse）的感受力，拉德布鲁赫发现到处有这种小人物，并对他们表达了自己的敬意——无论他们是在历史上的，还是在现代中存在的；因此，拉德布鲁赫在其政治思想和政治活动中从不片面，而总是从人性的充盈角度来加以判断的。

冯塔纳“信仰的怀疑”（glaeubige Skepsis）态度在拉德布鲁赫灵魂中最终转化为适宜形式的宗教态度[1]。因此，在拉德布鲁赫的众多文献中，这本单薄的小册子也许最能展示其最深刻、最有价值的思想内容；因为在字里行间，在其未明言之处，人们可以比书里已经说得够多的地方，读出更多得多的东西。

这本书同样也由莱比锡的科勒与阿梅朗出版社在大战期间排版；这些铅版逃过了莱比锡空袭的劫难[2]，另一本书《型塑与思想》同样如

1 “我本人喜欢怀疑，并且会继续保持怀疑——因为怀疑将使人宽容、仁善；而信仰则经常使人狂热。”（1943 年 5 月 19 日给本编者的信）

2 1944 年 2 月 6 日写给本编者的信：“我所写的有关冯塔纳的小书的字模还保存完好，我的文集手稿是在空袭之后才到达莱比锡的……”

此[1]，它也正等待着即将出版的时刻。

八

1.1945年4月美军占领海德堡后不久，拉德布鲁赫就开始着手大学尽早开学的工作。整个夏天，他除了写一些时评短论以外，大都忙于准备将来的授课讲稿；同时，他也打算为那些刚刚从战场上归来的学生们发行其《法学导论》新版。但由于病痛的折磨和由此所致的用手书写上的障碍[2]，他在1945年6月写信表示[3]："时局的转变对我来得太晚了，使我只能在极有限的范围内活动——但无论如何我不会再接受任何政治角色；相反，我只想把自己限定在最熟悉的工作和心灵的职业上，即学术和理论。"

对于这个他自己选择的、明智地限制在力所能及的目标，他在以后时间不多的岁月中，以罕见的辛苦和奉献精神来加以追求，并且也真正地达到了。1945年9月7日，根据海德堡大学校长的申请，由曼海姆区政府首长正式庄严地对拉德布鲁赫所受到的不公正的免职处分予以平反[4]：拉德布鲁赫又回到他以前的教席，同时担任法学院院长

---

1 "我的文集，即《型塑与思想》已经完成并交给了出版社……"（1945年1月8日给本编者的信）

2 1944年4月17日拉德布鲁赫写给本编者的信："我在许多不可克服的障碍下工作，其中最困难的是书写障碍。"

3 1945年6月12日给本编者的信。

4 （拉德布鲁赫）《个人档案》，第276页。

之职。

此时，他面临着三项亟待完成的任务：通过重建大学的学术自治来重新获得其原有的自由，同时使研究工作重新走上正轨；引导那些刚刚离开军队或战俘营的学生们过一种有负责感的、确定的精神生活，并使他们放下包袱参与公共事务[1]；与国际学术界重新建立和恢复已破裂或已中断了的联系。

2. 为了完成这些目标，拉德布鲁赫不仅承担了教学和院长职务，而且还担任了海德堡科学院院士，不懈地在报纸上撰文对当时紧迫的法政策时局问题发表意见[2]，并且在自己家里一如往昔地接待无数提出建议和寻求帮助的人。他不以完成学校规定的刑法和法哲学的授课任务为目标，而且还做了其他的一些工作：首先发表了便条式的《五分钟法哲学》(Fuenf Minuten Rechtsphilosophie)；稍后依据学

1 参见他的文章《处在危机中的青年人》(Jugend in Gefahr，载《莱因—内卡尔报》1945年10月9日)；《旧的学生社团应当恢复？》(Soll der alte Korpsstudent wiederkommen？)，载《莱因—内卡尔报》1949年10月3、6、29/30日(第228期)。

2 通过《德国基本法》第102条谈废除死刑的问题：参见《人性的要求》(Forderung des Menschlichkeit)[载《海尔布隆之声》(Helbronner Stimme)1949年6月15日，总第136期]；《死刑的终结》(Das Ende der Todesstrafe)(载《莱因—内卡尔报》1949年5月14日，第87期)；《犯罪学的时代考察》(Krimina-listische Zeitbetrachtung)(载《莱因—内卡尔报》1947年复活节专刊第40期，第5页)，在这些文章里，他仍然(像在1932年秋天的J.K.V.集会上一样)要求，对所谓"社会适应症"(sozialen Indikation)案件中的堕胎行为免除处罚。此外，就在刑事程序中特定药物的使用问题，参见其文章《指示真相血清与测谎器》(Wahrheitsserum und Luegenentlaver)[载《斯图加特报》(Stuttgarter Zeitung)1949年6月14日，总第87期，第3页]："我们可以假定，并且也可以希望……通过德国法院的禁止把这些方法引入挡在国门之外。"

生们对其法哲学讲座所作的笔记编成《法哲学入门》（Vorschule zur Rechtsphilosophie）；接着整理出版由他和长年在法学院共事的赫伯特·恩格尔哈德（Herbert Engelhard[1]，其在大战结束后不久即已患病去世）共同撰写的《案例刑法导论》（Einfuehrung in das Strafrecht an Hand von Faellen）；凭借这些工作，他提供给学生一些必要的学术工具。他连续发表了长期以来已完成了的一些文章[2]，但也盘算着新的写作计划。故此，他打算全面地叙述“德意志历史上的犯罪和刑罚”，这个计划的准备工作早在大战期间就已经开始[3]。在此期间，他还编辑出版了一本从艾兴多夫（Eichendorff[4]）到里尔克（Rilke[5]）迷人的抒情诗集，并撰写了一篇论述抒情诗本质的精致导言。最后，他想以《英国法的精神》一书来帮助年轻一代法律学生消除由于与外国长期隔绝所造成的对其他民族法学观念的无知。

---

1 赫伯特·恩格尔哈德（Herbert Engelhard，1882—1945 年），德国刑法学家。——译者注

2 他在 1945 年 1 月 8 日给本编者的信件中写道：“我最近把所有还未及完工的零星作品都已完成，它们摆放在屋里，我的整个房间充塞着文献。”

3 1942 年 3 月 15 日给本编者的信：“我把一些书带在身边，为了写一本经由科勒与阿梅朗出版社承诺出版的书：《德国历史上的犯罪与刑罚》（Das Verbrechen und die Strafe in der deutschen Vergangenheit）。”而 1944 年 8 月 19 日来信却写道：“我为了写《犯罪史》……把自己累瘫了。”

4 艾兴多夫（Joseph Frieiherr von Eichendorff，1788—1857 年），德国诗人和小说家。被公认为德国最伟大的浪漫主义抒情诗人之一。著有《预感和现实》（1819 年）、《一个无用人的生涯》（1826 年）。——译者注

5 里尔克（Rainer Maria Rilke，1875—1926 年），德裔奥地利作家。其对 20 世纪德语文学具有重要贡献，与乔伊斯、普鲁斯特、T. S. 艾略特和卡夫卡等同为现代文学的奠基人和巨匠。著有《杜伊诺哀歌》（1922 年）等。——译者注

3. 这些不同种类的出版物连同其所遗留的读书笔记显示出：拉德布鲁赫的法哲学思想自从 1932 年以来已吸收了一些新的材料，在仍然保持其方法的同时，其基本主张也经历了一些变化。这种变化表现为其论述“事物的性质”（Natur der Sache）的新的学说，表现为其趋向于“超法律的法”，还表现为其试图将宗教的或以宗教为基础的形而上学“价值超越”立场与一贯坚持的相对主义和方法二元论立场结合在一起的基本要求[1]。

（1）关于“事物的性质”，他在战后写了两篇文章[2]：一篇载于 1947 年版的《法哲学入门》第一部分；另一篇载于 1948 年鲁道夫·劳恩

1 对此，参见他在《法律和法》[Gesetz und Recht，载《斯图加特评论》（Stuttgater Rundschau）1947 年 1 月] 一文中的解释：假如掌权者根本不努力去应用正义（法）理念、正义及人道，假如他像在纽伦堡的法律那样，有意地脱离法律上平等的思想，脱离对具有人类面孔的人均适用的平等人权思想，假如他只是在宣示其纯粹的权力而不是任何法律规范，那么显现给我们的肯定是法律的不法——因为我们只能把法的概念定义为：它应当是一种实现正义（法）理念的努力。

在这一界定过程中，赞赏超法律的法的种种危险也是不难认清的。但所有的考量不能够把问题推到一边去，不能够解决正义和法的安定性之间的二律背反；这个二律背反深藏在所有的法律中，而且可以用两句显然彼此矛盾的福音书的语言来表达：一句话是保罗讲的（《新约·罗马书》第 13 章，第 1 节）：“在上有权柄的，人人当顺从他，因为没有权柄不是出于神的。”（德文本原注为《罗马书》第 3 章第 1 节，显系笔误。——译者注）另一句话是彼得说的（《新约·使徒行传》第 5 章，第 29 节）：“顺从神，不顺从人，是应当的。”

2 前期工作则早已完成，对此拉德布鲁赫在 1945 年 1 月 8 日写给本编者的信曾提及：“然后完成了两篇文章：一篇是关于《事物的性质》的；另一篇是关于在执行死刑中的心灵保育者的”；而在 1943 年 5 月 26 日就已经写道：“同时我寄给您……关于《事物的性质》的文稿，意大利文本的。我很看重这篇文章。”（1943 年 5 月 26 日寄给本编者的明信片）

（Rudolf Laun[1]）的纪念文集。关于这方面的思想，最早源于其在1924年发表的文章《法的理念和法的质料》（Rechtsidee und Rechtsstoff）；在这篇文章中，他将法律上的“事物的性质”看作既存的“社会生活事实”；这些事实作为一种“社会概念预先形成的规定性”，可以为法律命题（规则）提供“质料”。因此，“依据事物的性质来做决定”，意味着：“掌握这些社会生活事实的意义内容，并（以现象学的方式）对之作最终的思考”。但在做这种解释的同时，他也认识到：人们“只有从一个法律种类的社会事实出发才能推导出一个法律决定”；因此，法律“事实”是属于法“理念”的“质料”。根据这一点，他当时就已经隐约看出有一种关系，该关系可以“缓和价值与事实、应然与实然之间截然分离的二元论”。此时拉德布鲁赫则明确承认这一点。因此，他现在提出带有形而上学情愫的“法理念”，以此来与事物性质中“历史的、传统的和保守的因素”与事物性质中的“客观意义”或“本质”（即社会事实的意义—存在整体）相对抗；区别于1932年版的《法哲学》，如今他将“社会规定性、必然性和目的性”归结为“法的理念”的范畴。然而，即使根据此点，他还是没有能够针对法理念的内容提出的问题作出任何回答；的确，他先前曾经把法理念确定为是由（形式上的）正义、（原则上的）法的安定性和（理想的）合目的性所构成的三一体。

（2）不过，他此时开始下定决心转向“超法律的法”。在刊载于《南德意志法律家报》（Die Sueddeutschen Juristenzei-tung）上的《法律

1 鲁道夫·劳恩（Rudolf Laun，1882—？），德国国际法学家和法哲学家。——译者注

的不法与超法律的法》（1946 年）一文中，拉德布鲁赫第一次明确提出形式的正义价值位阶高于形式的法的安定性的观点[1]。在《法哲学入门》中，他甚至使用“自然法”一词作为引入这一新思想的“方向”。他这里所指的不是传统自然法论中的社会模式，而只是在每一实证法自身中存在的一种正当化根据和规范标准的思想[2]。尽管这个自然法思想比纯粹“衡量尺度自身的理念”（像施塔姆勒所主张的那样）稍微实际一点，但它还是没有获得任何实际可行性的准绳。拉德布鲁赫自己也感觉到了这一点。因此，他给予了一些提示，指出应该到何处去寻找这种正当化的根据：它们存在于人权之中，存在于某些“坚固不变”的法律观点之中。然而，他即使在其后期的文章和遗留的读书笔记中，也没有勾画出一个体系性的、实质正义理论的框架。事实上，他也不可能做到这一点，因为他此时已经认识到：他所分成的正义、安定性与合目的性这三个部分的最高法律价值只不过说明的是同一理念的三个不同作用方向而已。在他看来，正义与法的安定性、法的安定性与合目的性、合目的性与正义之间的冲突，只不过是正义与其本身的对话，只不过是所有法律不可消解的现实存在的紧张关系——人们也可以说，是所有法律的本质上的矛盾；这种矛盾“不是最终的矛

1　也参见《科学与犯罪》[Wissenschaft und Verbrechen，载《人民与时代》(Volk und Zeit) 2.Jg.（第 5 版）1947 年 5 月，第 1 页]：“面对不顾一切地合目的性要求……我们必须再三考虑到，总有一些伦理规范和法律规范，即使是多么重要的合目的性也不能脱离得了其约束。”

2　但是，他在自然法的理念中看到，正如它“天主教领域迄今仍然起作用”那样，在“在基督教教会领域同样作出的新努力中……有一种根源，由此超法律的法的思想可以生长出新的活力”。[《答复》（Erwiderung），载《斯图加特评论》1947 年 5 月]

盾，而是一个接近最终的矛盾，该矛盾唯有通过爱才能予以克服”[1]。因此，在他看来，具体的决定不再是一个原则的问题，而是一个标准的问题[2]；正义的问题不能通过一般性的方式来解决，而只能通过一个一个的具体案件的方式来解决。故此，他认为，“超法律的”法既不是一种绝对化的法理想，又不是一个道德法（Moralgesetzen）的概念，也不是一个纯粹的指导性规范（Richtungsnorm），而是为法理念的三种可能作用方向确立的个别而具体的决定标准。拉德布鲁赫再一次回到康德，并相信这一点——认为这个决定标准存在于那些负有特殊义务的人，即法官、立法者或日常的执法者身上；这些人员有责任进行客观审查，分别作出没有预先偏见而又给予一定公平幅度（空间）的良知决定（Gewissensentscheidung）。

（3）所以，即使在晚年，他仍然认为，上述二律背反现象既未在形式上消弭，也并未丧失其实质内容；拉德布鲁赫仍然固守这一看法，只是强调的重点稍有些不同，根据他自己的证明，导致这个情况的原

1 这个句子来源于瓦尔特·舍恩菲尔德（Wather Schoenfeld）。

2 “我们必须意识到这一点：在大约近百年的实证主义统治之前，几千年的时间已经过去了，在这期间人们一直相信存在有一种超法律的法，不管现在愿意把它们叫作自然法、理性法，或是神法。然而：只有在极少数的例外情况下，法律与正义之间有着骇人听闻的矛盾，此时，人们可以根据超法律的法的理由，否定形式上符合秩序的法律具有法的效力。在这方面的决定是一个标准的动态过渡问题——在所谓（缺乏法效力的）法律的不法与（虽然不正义但基于法的安定性的理由，还必须容忍的）不公正的法律之间，不可能划出清晰的界限。”[《司法短训班课程》，载《威斯巴登信使》（Wiesbadener Kurier）1947 年 9 月。]

因有：纳粹统治和战后占领期间的经验[1]；对基督教关于宗教生命价值重新具有的强烈感受；与浅薄的生存哲学（Daseinsphilosophie）、生命哲学（Lebensphilosophie）或存在哲学（Existenz-philosophie）的论战。在此方面，从他自己的哲学基础出发作更进一步的考察是不可能的，任何人也不应该期待他对自己根本未曾提出的问题作出回答。如果有谁要是对一种过去或当代的哲学“体系”轻率地下结论，而认为可以忽视、甚至可以轻视这个哲学体系的精确、诚实而有远见的立场的话，那么他就完全错了。能否从根本上动摇得了拉德布鲁赫的观点连同其从流传下来的西方法哲学中继受而来的思考手段，这仍是一个很值得怀疑的问题。新黑格尔主义只是将拉德布鲁赫所揭示相互联系的文化价值中的某个具体价值加以绝对化，但却没有为此找到另外的证明，以作为历史形而上学的文化价值；这种历史形而上学是以某种“信仰”作为前提的，这正是拉德布鲁赫法哲学留待每个人自己去回答的问题。胡塞尔学派的门生弟子们的法律现象学（Rechtsphaenomenologie），虽然已经揭示了一系列先验的法概念，但是这些概念之形式上的特征却是以各种不同的目的规定性或意识形态的等级规定性（Rangstufung）为前提的。根据海德格对于存在的解释能否发展出一种新的、却又不属于迄今西方形而上学路向的法律本体

1 他一直保守着这一经验。参见下列有代表性的说明：“我非常吃惊地意识到，我是多么深地植根于实证主义时代，尽管我的‘自由法’的倾向却正好想摆脱掉它的束缚。现在我觉得实证主义甚至又似乎是一种理想，我们还必须得痛苦地接受它。”（1939 年 4 月 26 日给本编者的信）

论，在这里不予以讨论；把它强拉过来批判拉德布鲁赫，也是没有道理的。前文已经提及的活力论－生物学的、直觉主义的“生命”哲学或完全以纯粹的行动为基础的“存在主义”，就更不适宜用来作为批判的根据了。在这种情况下，拉德布鲁赫能够有充足的理由拒绝对其《法哲学》作根本的修改。此次新版（按：此指拉德布鲁赫《法哲学》1955 年版）的任务，也只能是维持其原有的面貌，保持其原有的内容。

4. 在歌德的一些语句中，拉德布鲁赫经常喜欢引用的一句话是：“任何人，不管他是谁，也不管他可能是谁，总有一次最终的幸福和最后的一天。”他对其实际发生的最终幸福到底有什么样的细致的内心感受，我们这里存而不问。如果我们像历史学家一样客观的话，那么下面的事实，我们肯定还是要承认的：拉德布鲁赫在 1948 年 11 月 21 日其七十大寿时[1]，由于其一生对周围世界所作的客观外在的和人事上的影响，而所获得的感受，不管怎样，总还可以用“幸福”这样的字眼来形容的吧！对他来讲，1926 年其在海德堡大学就职演说的结语中所表达的愿望，终于得以应验了。1948 年 7 月 13 日，他对学生们发表动人肺腑的致辞后，告别了教学讲坛[2]。9 月 11 日[3]，他的教学职

1 一本由“朋友和仰慕者们”所呈献的纪念文集；一本由同事和学生策划的题签；《南德意志法律家报》和《法哲学与社会哲学档案》（Archiv fuer Rechts-und sozialphilosophie）出版的纪念专号；一本由外国学者，一本由德国的敬慕者们呈现的有关学术和文化论文所汇编成的文集；哥廷根和海德堡大学哲学学院授予其荣誉博士学位。——这些都是这一天之重要的外在的表征。

2 参见埃德文·孔茨（Edwin Kuntz）的报道：《古斯塔夫·拉德布鲁赫告别其教席》。（Gustav Radbruchs Abschied von seinem Lehrstuhl，载《莱因—内卡尔报》1948 年 7 月 17 日。）

3 （拉德布鲁赫）《个人档案》，第 292 页。

务正式宣布解除[1]，这使他得到了他所渴望的休息，不过同时也获得了最终完成其学术上的工作计划所必需的自由。在一定程度上说，这一计划是实现了的，因为拉德布鲁赫能够亲自完成他的《论刑法的优雅》的新版，其中增补了7篇文章。但他想完成《犯罪史》和为新版《法哲学》写一篇跋文的愿望，则不再能够由他本人亲自来实现了。

他71岁生日同时也是他此生“最后的一天”。1949年11月21日傍晚时分，他的心脏功能障碍突然发作。虽经医生悉心治疗，心脏冠状动脉栓塞所导致的后果已经不可能再挽救。在1949年11月23日凌晨，拉德布鲁赫逝世。

九

关于拉德布鲁赫对法学和法律生活未来影响，今天还不能够作出判断。但是，根据其生前作为一个生者所经历过的事情和发挥的作用，我们对此还是可以做一些推论。现在我们想再作一次总结。

1. 拉德布鲁赫在一个文化与社会生活日益疏离的时代，指出建立一个由文化价值所决定的法哲学是可能的，而且这样的法哲学比实证主义、历史主义或逻辑至上主义法学能够更好地发挥作用；由此，他重新揭示了法律与文化二者之间在本源上和本质上的联系，并使这种联系得到强化。此外，他也提出了法学的主要问题与其他人文科学之根本问题和时代问题之间的关联性。这样，法学重新找回了它与时代

1 拉德布鲁赫1948年1月29日写信申请退休（《个人档案》，第280页）。

的精神潮流之间的联系。法学家不再是与外界自我隔绝的，文化传承者们不再简单地忽略法律，文化学家们也不再像过去长期通常所做的那样，忽视法学的存在。“法学对文化人所失去的吸引力”重新得到了恢复。拉德布鲁赫借助他所称的“法美学”（Aesthetik des Rechts）的进一步研究，借助他不仅想从哲学，而且想从诗歌和艺术来探究对法的本质认识的愿望，开创了一个全新的研究路径。他绝不是想建立一门所谓“美学的法学”（aesthetische Jurisprudenz），而只是要证明：在人类心灵中最具人性的部分（这不过也是艺术的主题），法律也有其一席之地，并有权主张自己的地位。故此，由拉德布鲁赫有关文学史和艺术史的著作所编织出的思维红线，他想拓展一个所有刑法史和刑法教义学考察之宽广文化史地基的努力，绝不完全是一种消遣的游戏，而是对一个最严谨的学术改革方案的贯彻；在此方面，还有许多工作留待我们去完成。

2. 法律与政治之间的连接是贯穿于拉德布鲁赫整个著作中的一条红线，表达的是一种政治应用，一种政治训诫或政治警示（即使表面上只涉及冷僻的哲学或教义学问题也是如此）；通过这种法律与政治之间的连接，他将初看起来远离生活的法学著作和法律职业人封闭地操作概念的工作置于社会生活之中，以社会生活的要求与批判为前提；但他同时也提出了通过法律职业人来重新塑造社会的要求。在他看来，立法者、法官和律师在日常生活和高度的政治生活中均扮演着非常重要的角色；因此，他根据德意志民族对法律决定的重要性和社会影响力缺乏直感这一点，看到了一个十分严重的缺陷。他想的是：“法学不要摆脱政治，以便不使政治有一天摆脱法学”——这一句由他的挚友赫尔曼·坎托洛维奇所讲的很精到的话，拉德布鲁赫本人可能已经做到了。他通过完全严肃的态度，突出强调与法律问题、法律决定有必然联系的社会责任和政治权力的重要性，从而又恢复了法学与伦理学之间的关联；在过去，这种关联由于人们在所有法律的宗教性根据上逐渐失去意识而越来越变得颇有疑问。康德曾言："如果不事先尊重道德，实际的政治就决不能采取任何的步骤。"——这也是拉德布鲁赫的座右铭。所以，尽管有人称他的"相对主义"削弱了法的伦理性，并低估了法律的文化意义，但事实上拉德布鲁赫恰好以适合其时代的科学认识形式，重新解释并阐明了这两个方面。

3. 他的宽容性吸收了 19 世纪自由主义的遗产和 18 世纪启蒙运动的意志，并且受宗教虔诚的决定；这绝不是一种困顿的听天由命或没有决断力的表现，而是极高度成熟的人性的表现，是"绝非对人事的疏离"；这种宽容性愿意去理解一切事物，但绝非无原则地赞成或认可一切事物。在德国的精神生活中采取这种态度的人，总是感到十分困难，因为这种态度不贴合也不迎合我们急躁的性情、我们伤感和忧郁的情绪，不贴合也不迎合我们追逐自信、追逐专心如一（即尽可能"先验地"排除其他）的心理倾向。相反，这毋宁是把幽默、机智和节制等生动活泼的感觉融为一体的态度。它们是西方人文精神的价值，我们可以用法文的审慎（mesure），英文的博大（comprehensiveness）、正直（fairness）和其他类似的字眼来表达其意义。在这些价值上有一丝尚存的是拉丁文化的遗产。所以，如果人们想以很准确的形容词来描述拉德布鲁赫的本性的话，那么就应该选择下列拉丁文，并以古罗马人的含义来加以理解才与他比较相配：机智（prudentia）、适度（modestia）、敦厚（clementia）、人道（humanitas），还有威信（auctoritas）和纪律（disciplina）；此外再没有更合适的词了。

这些罗马人所称的品德，也使拉德布鲁赫与其著作密不可分的人格形象具有高度的典范性。它们后来含义稍稍一变，就成了基督教的根本的或基本的品德——其前身则是公元前 5 世纪希腊的阿提卡[1]的人道中的品德（aretai[2]）。因此，这些品德不只是拉丁（罗马）人、德国人或西方人所独有的，它们是普遍的人类特性，这也正是拉德布鲁赫的本性和作品在纯粹人性中所凸显出来的特征。不过，人类特性也表现为动物性（kreatuerliche Wesensart）。所以，唯有统一的灵魂，无论它映现幽暗，还是明朗；映现模糊，还是清晰，它终归是人类的灵魂。而且唯有如此，它才是那个"由自然而生的基督之魂"（anima naturaliter christiana），拉德布鲁赫毕生都把它作为人身上存在的最为崇高的精神而予以景仰，并亲身践履[3]。这个灵魂由拉德布鲁赫而放出光彩，同时它也照亮了呈现在拉德布鲁赫眼前的一切道路。

（译自拉德布鲁赫：《法哲学》（第 6 版），
斯图加特 K. F. 科勒出版社 1963 年版，第 17—77 页）

1 阿提卡（Attika），是希腊半岛上的一个地区，雅典所在地，古希腊文化中心。——译者注

2 aretai 的希腊文为 α ρ ε ι a，德文译作 Tugend（品德、善德）。——译者注

3 "我们注定要成为基督徒。"拉德布鲁赫在 1948 年 7 月 13 日对海德堡学生做离职告别演讲时说的一番话。

译后记

拉德布鲁赫的《法律智慧警句集》译本自 2001 年 10 月初版以来，迄今已接近 20 年。利用这次修订译本之际，本人再次重复表达翻译的心情，做一些必要的说明。

所移译的这一本书算不上厚重，但却让我难以割舍。当第一次读到该书时，隐约之间似乎有一种召唤，迫使我要将其译成汉本，跟更多的读者分享拉德布鲁赫法学智慧的瞬间。在出版期间，本书得到不少读者喜爱，在此谨致谢意。

1998 年应“当代德国法学名著编译委员会”之邀承接《拉德布鲁赫传》（阿图尔·考夫曼著）移译工作，我有机会了解德国学人眼中的拉德布鲁赫为人和为学的一生。但直觉告诉我：正确的路径，应当首先是阅读拉德布鲁赫本人的作品，然后再去体会其人生和思想之形成过程。我写信给阿图尔·考夫曼教授谈到先行翻译《法律智慧警句集》的打算，得到教授的支持和鼓励。

考夫曼教授对我的翻译工作所给予的关注和支持是我能够顺利完成译事的保证。他于 1998 年 12 月 3 日的来信中表示：“如果我能够为您提供任何一种形式的帮助，请都不要忘记来信告知。”考夫曼教授是一位言而必信之人，当我后来写信解释说先译拉德布鲁赫《法律智慧警句集》，后译他撰写的这本传记时，他不仅表示赞同，而且还积极为之联系版权事宜。他于2001年4月1日专门为《法律智慧警句集》中译本写下体现高度凝练之智慧的简短序言。但不幸的是：2001年4月11日，病魔最终夺走了他的生命。得知教授去世音耗，悲痛之情难以言表，唯有遵其嘱托沉心译事，方得心魄一丝安顿。我为教授本人没有能够最终看到其著作中译本的出版，也为失去这样一位学问渊博的指导者而痛感惋惜。

从我个人的感觉讲，能够通过此书的移译同时领略到两位德国20世纪最重要而又具有师承关系的法哲学大师（拉德布鲁赫和考夫曼）的独特语言（当然，这里还应包括本书所附《拉德布鲁赫的生平和著作》一文的作者埃里克·沃尔夫），应该说是平生一大幸事。我是带着激动和陶醉的心情来传达这些透着些许魔力的语句的，尽管由于学力不济有时还不能够很贴切地表达其中的微言大义。也许，前日本东京大学法理学教授尾高朝雄（1899—1956年）当年也曾有相同的感受，他对拉德布鲁赫的法哲学及其语言特点作过如此评价：

> 拉德布鲁赫的法哲学理论有非常丰富的内容。其理论不但具有多方面光彩，丰富的内容，并且还充满高度艺术的芳香。其思想系适用精密的哲学的方法，有条不紊地展开议论，从这一点看来，无论如何是属于德国式的。对于多方面精彩的题目，有时甚至渗入文学的表现，从这一点看来，当然是属于法国式的。以锐敏的现实感觉，来处理实证法现象间的各种问题，从

这一点看来，可以说也是美国式的作风。综合上述各点来看，拉德布鲁赫的确是当代第一流的法哲学家（引自林文雄：《法实证主义》，第77页）。

本书得以出版，当然首先要感谢阿图尔·考夫曼教授，我们不曾谋面，对其等身的著作也仅知一二。但教授对本书出版关切之情令我终生难忘，他作为拉德布鲁赫的文化遗产受托人，于弥留之际躺在病榻之上为本书写序、联系版权事宜，此等惠顾怎一个谢字了得！同时，德国哥廷根凡登和克与鲁普雷希特出版社的格尔林德·埃格林（Gerlinde Eggeling）先生，摩尔·西贝克出版社的伊尔·索伯尔（Jill Sopper）先生，K. F. 科勒出版社的约阿希姆·赫尔克特（Joachim Herkert）先生，他们对本书以及所附文章的中文版授权提供了有益的帮助，从而保证了本书中译本出版的"合法性"。

此外，德国哥廷根大学的狄塞霍斯特教授（Prof. Malte Dießelhorst, 1928—2012年）、罗马法教授奥科·贝伦茨（Okko Behrends,1939—）、法哲学教授德莱尔（Prof. Ralf Dreier, 1931—2018年）和德国基尔大学公法与法哲学教授罗伯特·阿列克西（Robert Alexy, 1945—）在我访学哥廷根期间和此后所给予的专业教诲和心境的提升，使我有了德国法哲学的专业积淀和相应的精神动力的支持，促使最终完成本书的译事。如今，我最尊敬的两位哥廷根教授——狄塞霍斯特教授和德莱尔教授先后去世，未能亲自到他们的墓前致哀，真的是遗憾之至，痛心疾首，他们的音容笑貌依然历历在目。好在贝伦茨教授和阿列克西教授依然健在，学术成果斐然，内心为之安慰矣。

2001年11月我有幸结识日本札幌学院大学法学部的铃木敬夫教

授（Prof. Dr. Keifu Suzuki），他也是一位拉德布鲁赫学问的痴迷者，当时正在北京的几所大学讲学。据铃木教授介绍，其先师常盤敏太教授(Prof. Dr.Toshita Tokiwa)是拉德布鲁赫生前指教的唯一的日本学生。有这样一层学业渊源，铃木先生倾心拉德布鲁赫之学且颇得拉氏之真精神，则可想而知。其扛鼎之作《法哲学序说》(成文堂1988年版)之主要部分在于研究拉氏学说（方法二元论，价值相对主义，法的社会化与“事物的本性”等)。此外，铃木教授还翻译出版拉德布鲁赫著《法律智慧警句集》(日文译本《法思慮への箴言》)和《魔笛的刑法》等著作，足以表明其在日本实属学有专精的拉德布鲁赫研究专家。他在我们交谈的较短时间内为我讲述了拉德布鲁赫访学牛津大学的曲折过程及在日本、韩国有关拉氏研究的概况。更为珍贵的是，铃木先生回日本后，给我提供了有关拉德布鲁赫研究所涉及的一些研究者的材料，如耶史克（Hans-Heinrich Jescheck）等人编著的《郑钟勗教授追悼文集》，郑钟勗教授（Prof.Tjong Zong Uk）的博士学位论文《古斯塔夫·拉德布鲁赫相对主义法哲学之路》(1967年，德文)，金智洙教授（Prof. Kim Jisu）的博士学位论文《古斯塔夫·拉德布鲁赫思想中的“方法三元论”和“事物的本性”》(1966年，德文)，台湾大学林文雄教授的《法实证主义》，以及由中义胜和山中敬一两位教授翻译的日文版《古斯塔夫·拉德布鲁赫传》。2002年4月，铃木教授利用访德的机会，专程为我购得拉德布鲁赫《法哲学》[学生版，由德莱尔（Ralf Dreier）和鲍尔森（Stanley L.Paulson）教授编，1999年德文版]，并惠赠由田中耕太郎翻译的拉氏著作日文本。这些材料，对我校订拉德布鲁赫著作中的重要概念、著作名称的翻译颇有参考价值。对铃木敬夫教授无论致以怎样的敬意，都不能完全表达本人的心情。

借此次修订，附上本人于2003年11月发表的《古斯塔夫·拉德布鲁赫法哲学思想述评》一文作为“代译序”，权且算作本人对拉德布鲁赫之学研究的一点心得罢。

舒国滢

2020年3月3日

图书在版编目（CIP）数据

法律智慧警句集 /（德）古斯塔夫·拉德布鲁赫著；舒国滢译 .
—北京：中国法制出版社，2020.7
ISBN 978-7-5216-1178-6

Ⅰ. ①法… Ⅱ. ①古… ②舒… Ⅲ. ①法律—警句—汇编—德国 Ⅳ. ① D951.6

中国版本图书馆 CIP 数据核字（2020）第 116832 号

策划编辑：韩璐玮（hanluwei666@163.com）
责任编辑：韩璐玮 王紫晶　　封面设计：蒋怡

法律智慧警句集
FALÜ ZHIHUI JINGJU JI
著者 /［德］古斯塔夫·拉德布鲁赫
译者 / 舒国滢
经销 / 新华书店
印刷 / 三河市紫恒印装有限公司
开本 / 880 毫米 ×1230 毫米 32 开　　印张 / 10.625 字数 / 232 千
版次 / 2020 年 7 月第 1 版　　2020 年 7 月第 1 次印刷

中国法制出版社出版
书号 ISBN 978-7-5216-1178-6　　定价：68.00 元

北京西单横二条 2 号
邮政编码 100031　　传真：010-66031119
网址：http://www.zgfzs.com　　**编辑部电话：010-66010493**
市场营销部电话：010-66033393　　**邮购部电话：010-66033288**
（如有印装质量问题，请与本社印务部联系调换。电话：010-66032926）